I0707976

3

Dieses Buch widme ich meinem geliebten Freund und Mentor

Peter Kellner – genannt Ole.

Als ehemaliger Richter, am Landgericht Schweinfurt, stand er beispiellos für Recht und Gerechtigkeit. Stets bemühte er sich, das Gleichgewicht zwischen diesen Welten herzustellen und gerecht Recht zu sprechen.

Nach seiner Maxime:

Inhaltsverzeichnis

Vorwort

„Es sind nicht Dinge, die uns beunruhigen, sondern die Meinungen, die wir von den Dingen haben." (Epiktet)

Diese Meinungen (oder Urteile) in unseren Köpfen stehen „**für**" ein gutes Leben oder „**gegen**" ein gutes Leben. Von diesen „Urteilen" (Beurteilung/Werung) hängt mehr ab, als wir zu glauben meinen.

Das Wesen des „Vor-Urteils„ zu begreifen, ist gar nicht so einfach. Wissenschaft und Forschung opferten viel Energie, Ausdauer und Mühe, um dieses Phänomen begreiflich zu machen. Sie platzierten das Phänomen Vorurteil nahe einem riesigen Fragezeichen.

Woher kommen Vorurteile und warum haben wir überhaupt Vorurteile? Welche Vorurteile hat jeder und wie sieht unser Handeln danach aus? Warum haben einige das Bedürfnis, unterschiedliche Gruppen (anderer Hautfarbe oder Nation) zu diskriminieren? Wie stark beeinflusst uns der Gruppenverband in unserem Denken und Handeln? Fragen über Fragen.

Per se angemessene Fragen, um deren Aufklärung sich Wissenschaft und Forschung bemühen.

Sich der inneren und äußeren Vorurteile bewusst zu werden, woher Bewertungen und Vorlieben kommen, was Vorurteile aus dem Menschen machen; das alles sind Rätsel vergangener und gegenwärtiger Epochen. Einige Antworten auf diese außergewöhnlichen Mysterien sind hier wissenschaftlich und praktisch zusammengefasst.

1. Einleitung

Der Mensch lässt sich von ungewissen und unbekannten Dingen mächtig verunsichern. Eine Wesensart, welche nicht nur ihm eigen ist. Seine Manier die Welt einzunehmen, manövrierte ihn nicht nur in die Moderne, sondern überdies in sein Mysterium des Denkens. Das Vorurteil ist eines dieser Geheimnisse, welches sein Denken und Handeln bewusst und unbewusst lenkt.

Vorkommnisse zu taxieren ist ein unverzichtbarer Baustein menschlicher Präsenz. Somit sammelten sich, von einer Generation zur nächsten, stetig neue Fähigkeiten und Einsichten, welche lebensnotwendig waren. Erkennen, was ungenießbar, oder besonders gefährlich ist, kann nur über Erfahrung und Beobachtung an die nächste Generation weitergegeben werden. Diese Kenntnisse - z.B. das Lesen von Spuren oder das Wissen über Kräuter und bekömmlicher Nahrung- bewahrten die Menschen vor gefährlichen Raubtieren oder etwaigen Vergiftungen.

Der Durchbruch des Individuums Homo war, dass er begann sein Knowhow zu konkretisieren. Immerhin bedachte er die Dinge mit einer Idee, die er mit Wort und Schrift abstrahierte. Somit erlangten die Eindrücke im Kopf ihre charakteristischen Stigmata.

Diese ersonnenen Sprachbilder stehen für den Beginn von Mythen-, Legenden-, Märchen- und Fabelerzählungen. Die Gabe des fantasievollen Erzählens verweist darauf, dass die Sprache, als Mythenträger, den Lauf der Menschheitsgeschichte entscheidend prägte. Eine wesentliche Ingredienz, dieser verbalen Kreationen, ist das Vorurteil.

D.h. jede Schilderung ist ausgeschmückt mit nostalgischen Annahmen (sogenannten Klischees). Diese Klischees beherrschen unseren Alltag. Fündig wird man vor allem, wenn es um die Einschätzung von Tieren geht. Für gewöhnlich wird der Fuchs als besonders schlau beschrieben, obwohl dieser, aufgrund seiner diebischen Vorgehensweise, dem Menschen großen Schaden zufügen kann. Was sagt uns das über die getroffene Einschätzung? Wer sich nicht erwischen lässt, ist besonders schlau? Nur der Dumme lässt sich aufgreifen?

Ein Denken mit tiefgründigen Konsequenzen. Sich am Hab und Gut anderer zu bereichern ist so lange in Ordnung, so lange man nicht ertappt wird? Ungerechtes Sozialverhalten hat somit im Ergebnis Tradition. Ein befremdliches Prinzip für unser soziales Zusammenleben.

Was Tiere über den Menschen in Erwägung ziehen, mag einmal dahingestellt sein. Unsere Blickrichtung auf das tierische Verhalten festigte sich in unserer Sprache. Viele dieser Beurteilungen (tradierte Vorurteile) gelten heute noch. Slogans wie, „der schlaue Fuchs" – „die dumme Gans" – „das dreckige Schwein" – „der böse Wolf" usw., zeugen von altüberlieferter Stigmatisierung. Trotz widerlegter Zuschreibungen, halten sich diese Klischees konsequent.

Vorurteile nähren sich von erlebten, sowie erlernten Erfahrungen und Erinnerungen. Diese Beeinflussungen aller Säugetiere (einschließlich dem Menschen), dienen einzig dem Überleben der Art. Gemeinsam ist man stark – eine der zahlreichen Strategien, die den Überlebenswillen deutlich machen.

Gruppenbildung diente nicht nur dem Tier zum Schutz, auch der Mensch erkannte den hohen Nutzen eines Familienverbandes. Hier fühlte man sich sicher und geborgen. Jeder kannte jeden und gemeinsam galt es, allem Fremden zu trotzen. Dieses demonstrative Wir-Gefühl sollte vornehmlich auswärtige Clans provozieren. Ausschlaggebend war, gemeinsam Stärke und Zusammenhalt wirklichkeitsnah vorzuführen.

Fast schon in die Wiege gelegt sind Vorurteile gegenüber „sichtbaren Anderen". Dererlei Animositäten verbreiten sich wie ein Lauffeuer und werden leidenschaftlich, mittels phantasievollen Mythen, aufrechterhalten. Eine verzwickte Situation, da der Fremde alles sein kann - ein kundiger Weiser oder ein frecher Räuber.

1.1 Das Manifest des Unheils

Zu Zeiten einer unbekannten äußeren Welt führte Unkenntnis generell zu feindseligen Einstellungen. Das neu erforschte Wissen und die Entdeckung neuer Kontinente führte über kurz oder lang zu ungeheueren Spekulationen. Naturvölker wurden als primitiv und unkultiviert betrachtet, die ungewöhnliche Tierwelt mythisch verklärt.

Alles was sich einer Erklärung entzog, wurde mit fantasievollem Aberglauben besetzt. Aufgrund dieser Unkenntnis und einem vernetzten Glauben herrschten vorerst mannigfaltige Vorurteile über fremde Völker, exotische Länder und Tiere. Was gleichzeitig hieß, Unbekanntes erst einmal abzulehnen, diesem auszuweichen oder es zu vernichten.

Je stärker die menschliche Population anstieg, desto dringlicher wurde es, Land zu erobern, Behausungen zu errichten und sich mit Mauern abzugrenzen. Das gleichzeitige Erscheinen von fremdartigen dunklen Gestalten begünstigte den Mauerbau und zugleich Mythenbildung. Treten dann noch Hungersnöte, Seuchen und Pandemien auf führte und führen diese dazu, Schuldige für das Übel auszumachen. Wurde ein Sündenbock lokalisiert, verlor das Unfassbare und Unerklärliche seinen Schrecken. In vergangener Zeit waren es die Hexen und Zauberer, die in menschlicher Gestalt ihr Unwesen trieben. Später vergrößerte sich der Kreis der Verdächtigen, indem dann die dunklen Gestalten aus fernen Ländern zu Übeltätern wurden.

Lange Zeit lag das Schicksal der Menschen in den Händen der Götter. Alle Naturphänomene zählten zu ihrem fühlbaren Wirkungsbereich. Als mächtige Vertreter auf Erden hatten selbsternannte Priester und Hellseher viel Einfluß und Macht. Sie wirkten auf Geheiß der Götter und hatten die göttliche Genehmigung über das Schicksal der Menschen zu urteilen. Dieser Schicksalsglaube kontrollierte fortan das allgemeine Leben bis in die heutige Zeit.

Dieses Manifest eines Glaubens brachte selbstherrliche Tyrannen und Diktatoren hervor, welche blühende Landschaften ins Unglück stürzten. Despoten - der Geschichte - nutzten Vorurteile für ihre Zwecke. Sie verwendeten Vorurteile wie ein Instrument. Ein mächtiges Instrument, wenn dieses von Soziopathen oder Tyrannen missbraucht wird. Ganze Völker wurden so ins Verderben geschickt.

Die Geschichte wiederholt sich - lediglich die Mittel und Methoden verändern sich. Im Zeitalter elektronischer Medien, verkünden neue Heilsbringer alte Vorurteile, welche die Masse vom kommenden Übel überzeugen soll. Abgedroschene Phrasen fortgesetzter tradierter Stereotype sollen, damals wie heute, überzeugen. Je fremder, je unbekannter und bedrohlicher Kultur und Aussehen, umso eher müssen Fremde für eigenes Versagen oder für eine gegenwärtige Katastrophe herhalten. Im Zuge dessen werden absurden und übereilten Vorurteilen Tür und Tor geöffnet. Ein generiertes Denken, das immer wieder Anwendung findet.

Erhöhte Selbstdarstellung und Ablenkungsmanöver sind die modernen Werkzeuge der Manipulation. Das ergebene Volk wird manipuliert und verführt im Sinne von: „Wir sind die Besten – Uns kann keiner was – America first". Parolen welche Urinstinkte hervorrufen und womöglich aus friedlichen Stadtbewohnern skrupellose Missetäter machen.

Abermals stehen wir vor einer wiederkehrenden Verstrickung publikumswirksamer Volksverführung. Die Slogans derzeit lauten: „....Asylanten raus" – „… nehmen uns die Arbeit weg" – „… sind Terroristen" – „....Deutschland gehört den Deutschen" – „....Wir sann wir" usw. Alte Denkmuster, die großes Unheil anstiften können[1].

Bildung und Aufklärung können helfen, gegenzulenken. Bessere Information, Plastizität und Prägnanz haben das Potenzial, rassistische Phrasen aufzudecken und ihre Akteure zu widerlegen. Dazu sind jedoch fähige Führungspersönlichkeiten unabdingbar, denen die Geschicke des Volkes am Herzen liegen und nicht Reichtum und Macht.

Es liegt an uns, diese Welt mit Herz und Verstand besser und menschlicher zu machen. Andere für das eigene Versagen schuldig zu sprechen wäre zwar der bequemere, aber falsche Weg.

---

1 Der Höhepunkt dieser anhaltenden populistischen Parolen, ist die Leugnung des Holocausts. Zahlreiche Opfer und deren Nachkommen kämpfen darum, diese unglaubliche Vernebelung von Fakten klarzustellen. Diese schrecklichen Handlungen an einer bestimmte Menschengruppe zu leugnen, dazu kann man nur noch mit dem Kopf schütteln und hoffen, daß die Menschen heute etwas aufgeklärter sind, als gestern.

In medialen Zeiten der ultimativen Aufklärung und Informationsflut müsste es doch gelingen, die Bürger wachzurütteln und mit den wahren Fakten zu konfrontieren. Leider stehen Bequemlichkeit, Habgier, irrationaler Nationalglaube und feindselige Propaganda der Wahrheit im Weg.

Vorurteile haben wieder Hochkonjunktur und werden gezielt eingesetzt, um Ängste und Feindseligkeit zu schüren. Es gilt jetzt, besonders aufmerksam zu sein und genau hinzuhören.

1.2 Das massentaugliche Vorurteil

Der psychologische Einsatz von Vorurteilen hat lange Tradition. Soziale Vorurteile dienen Diktatoren dazu, die Massen für ihre Ziele zu mobilisieren und zu manipulieren. Die simple Strategie, ohne großen Aufwand, heißt: „Das angestachelte (taugliche oder käufliche) Vorurteil".

Gerade in Bezug auf ethnische Minderheiten werden Vorurteile immer wieder salonfähig und als Vorwand genutzt die Massen zu mobilisieren. Den Menschen wird eingeredet, dass die fremden Eindringlinge die Wirtschaft belasten und den ökonomisch-sozialen Frieden stören. Die neuzeitlichen Prediger verlagern ihre Unkenntnis, indem sie Parolen ausrufen, welche politisch von den eigenen Fehlleistungen (oder auch von Machtstreben und persönlicher Bereicherung) ablenken soll. Dazu wird oftmals ein äußerer und innerer Feind hervorgezaubert und für die Masse instrumentalisiert. Die Nationalsozialisten bedienten sich genau dieser Strategie. Welche Ausmaße gezielt gestreute Vorurteile hatten und haben, steht im historischen Buch der Menschheit.

Gegenwärtig favorisieren verschiedene Staaten - unter anderem die Ostblockstaaten - eine unmissverständliche Blockadepolitik. Sie reagieren auf die Flüchtenden mit übertriebener Angst und Hysterie. Dieses tradierte abschottende Verhalten überrascht daher kaum: Grenzen und Mauern sollen vor Eindringlingen schützen. Ein bekanntes Muster, welches hier instinktmäßig zur Routine wird.

Auch ein Republikaner wie Donald Trump bedient sich einer offenen rassistischen Abschottungspolitik. Seine Ambitionen erzeugen eine Gruppensolidarität nach innen und eine Steinzeitsitutation nach außen. Er versucht, seine Macht zu zementieren, indem er die Menschen mit gezielten Fehlinformationen füttert.

Seine rhetorischen Einlagen beinhalten die fragwürdigsten Pauschalierungen. Seine erste Staatshandlung bestand darin, Mexiko mit einer Art „Chinesischer Mauer" abzugrenzen und, wie kann es anders sein, das mexikanische Volk als Staatsfeind Nr. 1 auszurufen (ein dekadenter Amerikaner möchte Mauern vor Mexiko ziehen – welch historischer Fingerzeig). In seiner Selbstverliebheit war und ist ihm jedes Mittel recht. Wenn dann noch lukrative Geschäfte locken, finden sich natürlich auch jene Mitläufer, die an diesem Geschäft teilhaben möchten. Um von diesem habgierigen Verhalten abzulenken, wird dem amerikanischen Volk in üblicher Manier und Pose weisgemacht: „America first" und „Das eigene Land muss geschützt werden". Vor wem und was bleibt unbeantwortet.

Machbesessenheit, Habgier, bewußt gestreute Desinformation und modellierte Angst führten bereits in den vergangenen Jahrhunderten zu massentauglichen Vor- und Verurteilungen. Die Folge daraus: rassistische Abschottung und Abgrenzung. Bestes Beispiel dafür war und ist die xenophobe (fremdenfeindliche) Politik eines Victor Orbán`s - nicht nur gegen islamische Einwanderung, auch gegenüber sesshaften Sinti und Roma (s. dazu „Vorurteil und Bildung" v. R.S. de Nagell, 2024).

Aufklärung und Information über das eigene und fremdes Verhalten könnte nützlich sein. Die Menschen sollten über Sinn und Zweck von Vorurteilen aufgeklärt werden; um von Bauernfängern nicht mehr im Nu überrollt zu werden. Wichtig wäre zu verstehen, wie Vorverurteilungen gegenüber „dem Fremden" entstehen, wie Schuldsprüche bewusst gestreut und verbreitet werden, aber auch, warum jeder Mensch Vorurteile hat.

Die „braunen Zeiten" sollen sich nicht wiederholen, weshalb sich die Wissenschaft darum bemüht, herauszufinden, wie so etwas geschehen konnte.

Bei ihren Forschungen stieß sie immer wieder auf „das Vorurteil" als Motor für Gewalt und Hass. Aus diesem Grund scheint es sinnvoll, das Vorurteil im historischen und kulturellen Zusammenhang zu betrachten. Genau hinzusehen, sich zu informieren, ist der richtige Schritt, um befähigt zu sein, politische und soziale Verfälschungen zu erkennen und dementsprechend handeln zu können.

In diesem Sinne verfolge ich das Ziel, das „Vorurteil" wissenschaftlich vorzustellen.

Welche Motivation steckt hinter den unterschiedlichen Ressentiments gegen Fremdgruppen? Wie kann ich Vorurteile erkennen, damit ich sie wahrnehmen und reflektieren kann? Wohin führen Konformitätsdruck und absoluter hingebungsvoller Gehorsam? Welchen Einfluss hat das

Selbstwertgefühl auf unser Verhalten in sozialen Gruppen? Welche Möglichkeiten habe ich, negativen Vorurteilen entgegenzutreten?

Fragen, welche in den folgenden Kapiteln diskutiert werden.

Des Weiteren dienen die anknüpfenden Lehrmeinungen zur wissenschaftlichen Klärung, wie Vorurteile begründet sind. Außerdem wird, neben der Theorie, die Praxis eine zentrale Rolle spielen. Präzedenzfälle illustrieren, wie Sicherheit und Selbstbestimmtheit ein möglichst reflektiertes und gerechtes Handeln zum Ziel haben könnten.

Zu Beginn der (theoretische) Überblick über das Vorurteil und die soziale Gruppe. Dabei benutze ich die wichtigsten Denkansätze, welche zu dem Thema debattiert werden[2].

---

2 Zur Vertiefung des Vorurteilstheorems sind die Analysen, Theorien und Experimente von Six & Schütz (2006), Six (2000), Frey & Greif (1997), Dorschel (2001) empfehlenswert – als Vorlage für die Texte diente das Buch „Vorurteil und Bildung" von R.S. de Nagell, 2024.

2. Das Vorurteil in der Wissenschaft

Theorien sind keine Romane, die man liest und dann vergisst (je nach Interesse), sondern Theorien dienen der Suche nach Erkenntnis. Dabei erheben sie den Anspruch, möglichst objektiv und belegbar Phänomene zu beschreiben.

Die Schwierigkeit, Funktion und Mechanismus eines Phänomens zu beschreiben, liegt in ihrer Formulierung. Die Dinge brauchen einen Namen. So entstanden unterschiedliche Begriffskonstrukte, welche dazu dienen, bestimmte Vorgänge zu abstrahieren. Gleichzeitig entwickelte sich in der Wissenschaft eine eigenständige Sprache.

Diese abstrakten Beschreibungen der unterschiedlichsten Wissenschaftszweige erscheinen trocken und schwer verdaulich.

Vorab sei gesagt: Vorurteile fallen nicht einfach vom Himmel, sondern verfestigen sich von Generation zu Generation, oder werden aufgrund sozialer Konfliktsituationen im wahrsten Sinne des Wortes „entworfen".

Die nun vorgestellten Theorien beschreiben tradierte Vorurteile historisch und als gegenwärtig genutzte (politische und soziale) Ressource.

2.1 Die sozial unerwünschte Bewertung

Wir werden seit frühester Kindheit mit Vorurteilen konfrontiert und tragen sie in unseren Alltag. Im Laufe des Lebens vergessen wir, wie wir von unseren Vorurteilen geprägt wurden, und bemerken nicht mehr, wenn wir uns an alltäglichen Klischees beteiligen (Bergmann, 2005, S. 4).

Klatsch und Tratsch (im Sinne von Vorurteilen) werden immer ein Thema sein, welche starke Emotionen hervorrufen. Einerseits sind Vorurteile verpönt, weshalb die meisten Menschen die Frage, ob sie Vorurteile haben, verneinen. Und doch fühlen sich einige ertappt und reagieren auf die Frage verhalten, oder geben ganz klar zu: „Ja, ich habe Vorurteile." So unwahrscheinlich es klingt, aber genau das stimmt. Wir alle haben Vorurteile.

Wörtlich genommen beinhaltet der Begriff „Vorurteil" bereits das „Urteil", welches vorher bzw. zuvor getroffen wurde. Im übertragenen Sinn beurteilen wir demnach Menschen und Dinge nach eigenen Vorlieben und Einschätzungen. Dabei handelt es sich um Bewertungen, die der Wirklichkeit selten entsprechen, da Urteile subjektiv sind und gewisse Verallgemeinerungen enthalten. Einige dieser pauschalen Bewertungen (Generalisierungen) betreffen meist Personen bestimmter Gruppen.

Dabei übernehmen wir gerne die verallgemeinernden Auffassungen gegenüber auffälligen Personen (z.B. orientalisch aussehenden Menschen), obwohl wir sie kaum oder gar nicht kennen. Trotzdem attestieren wir ihnen negative oder romantisierende Eigenschaften, und neigen dazu, diese zu verallgemeinern. Das heißt, wir sehen nicht mehr den Einzelnen, sondern die ganze Gruppe.

Romantisierend wäre hier im Sinne von: „Das Zigeunerleben ist schön" - „Als Pascha hast man tausend Frauen" - „Mein Verein hat die besten Spieler" - „Mein Papa ist der Beste" usw.

Allgemein wird das Vorurteil eher als eine „sozial unerwünschte Bewertung" betrachtet. Sozial unerwünschte Verallgemeinerungen wären:

„Neger stinken" – „Zigeuner stehlen" – „Asylanten nehmen uns die Arbeit weg"[3] – „Hartz IV Empfänger sind faul und wollen nicht arbeiten" etc.

Solche Pauschalurteile machen deutlich, dass der Vorurteilsbegriff durch seinen normativen, maßgeblich moralischen Charakter geprägt wird. Angewandte negativ bewertete Vorurteile verstoßen demnach gegen anerkannte menschliche Wertvorstellungen. Es gibt einige, die keinen Hehl daraus machen, dass sie einer rassistisch motivierten Gruppe angehören, und den Normen und Regeln ihrer Gruppe gehorchen, auch wenn diese einer allgemeinen ethischen Konvention widerspricht und vor Gewalt nicht zurückschreckt.

Diese Gruppen, und ihre Mitläufer haben meist keinerlei Informationen über das „Hassobjekt". Sie generalisieren ihre fremdenfeindlichen Vorstellungen im Sinne von: „Alle anderen, außer wir (Deutschen - Franzosen - Italiener - usw.), sind Sozialschmarotzer und Ausbeuter." Solche Aussagen verletzen nicht nur die Würde des Menschen, sondern leugnen bzw. verzerren die tatsächliche Wirklichkeit dieser „Anderen".

Auffallend, dass die meisten kaum in Kontakt zu den „Fremden" treten, und oft keinerlei genauere Kenntnis über den tatsächlichen Sachverhalt haben. Das gilt auch für Einheimische, z.B. für Obdachlosen. Die Mehrheit läuft an ihnen achtlos vorbei und glaubt, aufgrund modernem Ablasshandel, genug getan zu haben. Von Hunderten, die am Bettler vorbeihasten, verharrt an guten Tagen vielleicht ein Mensch. Unbewußt lei-

---

3 Diese Floskel höre ich oft – dabei sollte man einmal darüber nachdenken, wer bzw. was uns die Arbeit „wegnimmt". Sind es nicht eher die modernen Techniken (Computer und Co.), die uns mittlerweile und in Zukunft vermehrt einfacheArbeiten abnehmen? Zukünftige Berufe werden demnach noch mehr mit (technischer und sozialer) Bildung verbunden sein. Ein Fakt, der uns alle betrifft.

ten die Vorbeieilenden die Verantwortung an die nächsten weiter, und mit der Spende suggerieren sie Anteilnahme. Handeln bedeutet jedoch stehen bleiben, hinsehen und hinhören - frei nach dem Motto Erich Kästner: „Es gibt nichts Gutes, außer man tut es".

Jene, die aufgeschlossen sind und keine Berührungsängste mit sich herumtragen, werden erst einmal hinschauen und nicht wegsehen. Trotzdem projiziert ihr beherztes Einschreiten oder Handeln, bei den hinwegeilenden Zivilisten, allgemeines Entsetzen und Missbilligung. Fragt man warum, heißt es meist lapidar: Die sollen lieber arbeiten gehen. Ohne jemals nachgefragt zu haben, was diesen Menschen dazu veranlaßt betteln zu gehen, werden bereits Klischees und Vorurteile wirksam (Bergmann, 2005, S. 5 ff).

Bei genauerem Hinsehen wird allerdings klar, dass ein differenziertes individuelles Urteil keine Verallgemeinerung erlaubt. Wenn z. B. jemand behauptet: „Asylbewerber nehmen uns die Arbeit weg" oder „Bettler sind zu faul um zu arbeiten", ist dies eine verallgemeinernde subjektive Äußerung, die empirisch selten zu verifizieren (überprüfen) ist. Somit scheint es, dass das Vorurteil hauptsächlich aus negativen Wertungen (Urteilen) über andere besteht.

Um diese „Voreingenommenheit" zu verstehen, zu verändern bzw. besser zu erkennen, muss das „Konstrukt Vorurteil" im historischen und gegenwärtigen Kontext nach überprüften Maßstäben durchleuchtet werden.

In dieser kurzen Übersicht soll geklärt werden, woher das „Vorurteil" stammt, wie es sich verändert hat und was heute unter einem Vorurteil zu verstehen ist.

2.2 Aufgeklärte Gedanken zum Vorurteil

Die geistigen Vordenker des „Vor-Urteils" finden sich im antiken Grie-
chenland. Im klassischen Altertum sinnierten Gelehrte über die „Philosophie der Natur". Diese Naturphilosophie galt als einflußreichste Denk-
fabrik der Antike.

Zu Zeiten von Thales von Milet, Sokrates, Platon, Aristoteles, Archimedes und Co. begann das Nachsinnen über das „gute Leben" und wie der
Mensch dieses erreichen könnte. Was symbolisierte das gute Leben in
der Antike?

Maßgeblich bestimmten zahlreiche Götter über Wohl und Weh des Volkes. Die Menschen sollten sich dem göttlichen Schicksal beugen. Das
heißt, jedermann hatte die Aufgabe, den zahlreichen Göttern zu dienen.
Dafür war ihm ein gutes Schicksal vorausgesagt. Ähnlich wie beim Ablasshandel im Mittelalter. Die Menschen wurden zu Marionetten ihrer
Götter. Niemand sollte sein Leben selbstständig und -tätig beeinflussen.
Es war alles „Gott gewollt".

Detaillierter und präziser hinterfragte der große griechische Philosoph
Sokrates (Philosoph aus Athen; von 469 v. Chr. - 399 v. Chr.) diese gängigen Wahrheiten. Er wurde zum Lehrmeister und großem Vorbild der
modernen Selbstbestimmungsbewegung im 16. / 17. Jahrhundert. Sokrates provozierte mit seinem Konzept des ständigen Hinterfragens, ein
Nachsinnen über ungeprüft übernommene Vorstellungen bzw. Meinungen[4].

---

4 http://de.wikipedia.org/wiki/Platonischer_Dialog

Für Sokrates gab es kein letztes und letztbegründetes Wissen. Der Mensch ist bei ihm der Suchende dieses Wissens (philosophoi) und ist kein Wissender (sophoi)[5]. Dieser Leitgedanke führte dazu, den Menschen zu ermutigen, sein Leben eigenverantwortlich und somit frei zu gestalten. Wer nicht reflektiert und schablonenhaft von Göttern bestimmtes Wissen fraglos akzeptierte, war für Sokrates einfältig und unwürdig sich kultiviert zu nennen. Seither galt er als Kritiker der Vorurteilsbildung.

Der große Grieche, mit den ständigen Fragezeichen, hatte keine Lust mehr, sich vorschreiben zu lassen, was er zu denken und wie er zu leben hätte. Seine weltanschauliche Geisteshaltung und seine gegliedert Suche nach Wissen (philósophoi oder philósophos bedeutet: „Freund der Weisheit") führten zum politischen Skandal. Sokrates zählte eins und eins zusammen. Seine Erkenntnis war eindeutig.

Die Menschen wurden von Staat und Priestern gezielt manipuliert. Die tiefe Verankerung des Glaubens in der Bevölkerung, war das ideale Mittel, Menschen systematisch auszubeuten und von imaginären Vorbildern abhängig zu machen. Schließlich brachte diese antike Form des Ablasshandels viel Geld in die Staatskassen. Sokrates durchschaute dieses Vorgehen und versuchte die Bürger, durch sein Hinterfragen, auf die Widersprüchlichkeiten ihres Handelns und Denkens aufmerksam zu machen.

Während die Jugend hinter dem antiken Philosophen stand und ihn verehrte, waren die Erwachsenen nur tröpfchenweise von seinen epochalen Geistesblitzen zu überzeugen. Unausweichlich führte Sokrates' unermüdliches Hinterfragen zu seinem erzwungenen Ableben. Die Stadtfüh-

---

5 Sokrates Leitspruch: „Ich weiß, daß ich nichts weiß", sagt wohl alles über diesen berühmten Mann aus.

rer des Landes bangten um ihren enormen Einfluss und ihre einträglichen Profite. Immerhin pilgerten Tausende von Bürgern zu den Apollotempeln und zahlten für überirdische Prophezeiungen eine ebenso überirdische Summe. Einnahmen auf die weder Priester noch die politische Führung verzichten wollte.

Der Querulant musste verschwinden. Ein überzeugender Vorwurf wurde eilends konstruiert: Der hohe Rat und die Priester klagten Sokrates wegen verderblicher Verführung der Jugend und Gotteslästerung (auch Volksaufhetzung) an. Sokrates respektierte die Gesetze und akzeptierte das verhängte Urteil. Er lehnte jede Flucht ab und vollzog den freiwilligen Suizid durch das Gift des Schierlings. Der Friede war wieder hergestellt und die antiken Kapitalisten erträumten sich zukünftige uneingeschränkte Renditen, als auch widerspruchslose Autorität über das Volk. Ergo: Selbstständiges und -tätiges Denken führt(e) – damals, wie heute – zum Tod[6].

Sokrates mutiges Wirken und freies Denken beeinflusste nachhaltig nachkommende Generationen von Philosophen. Das Nachsinnen über die Freiheit jedes Menschen und das Bemühen Ungewissheiten zu hinterfragen, entflammte erneut im frühen Mittelalter. Dies führte im späten Mittelalter zur Aufklärung und erreichte seinen Höhepunkt während der Renaissance und der Reformation.

Im sokratischen Sinne der Aufklärungsbewegung entwickelte sich ein neuzeitliches emanzipiertes Denken, geprägt und ausgerufen von füh-

---

6 Im 21. Jh. müssen abermals jene, die die Wahrheit äußern bzw. publizieren, um ihr Leben bangen. Einige mutige Freidenker hat es bereits das Leben gekostet. Befinden wir uns immer noch in der Antike, dem Zeitalter der Bevormundung?

renden Philosophen. Ihre modernen Leitgedanken wandten sich gegen Mythologien und Aberglauben. Sie verurteilten Unwissenheit und den enormen Einfluss der Götter. Ihr Ziel war der selbstbestimmte Mensch, befähigt zu forschen und sein Schicksal in die Hand zu nehmen. Welcher sozusagen sein Glück selbst schmiedet und dafür auch Verantwortung übernimmt, unabhängig von irgendwelchen Göttern.

Der Augenblick war gekommen, antike Weisheiten wieder aufzugreifen und in ein neues aufgeklärtes Europa zu führen. Dazu verhalfen die revolutionären Gedanken eines Pierre Abaelard (um 1079–1142) als auch der Versuch Descartes, das neue Denken in eine wissenschaftliche Disziplin einzuordnen. Dieses neue Vorurteil hieß „Vernunft". Die Vernunft soll den Menschen aus seiner Unmündigkeit führen, indem er wissenschaftlich empirisch seine Welt erkundet. Dadurch erlangt er Gewissheit und kann sich von den Fesseln des Mythenglaubens befreien (Schneiders, 2005, S. 12 f; Böhm, 2010, S. 19 f).

Den aus der Vergessenheit zurückgeführten Vernunftsgedanken erweiterte im späten Mittelalter Renè Descartes (1569–1650, Mathematiker und Begründer der analytischen Geometrie). Er plädierte für eine rein verstandesmäßig gewonnene Einsicht. Ohne Hinzugabe irgendwelcher (vor allem mythologischer) Sinneswahrnehmungen. Descartes Denken wurde von seinen hautnahen Erlebnissen im 30-jährigen Religionskrieg geprägt. Angesichts der schrecklichen Gräueltaten und dem anhaltenden Gemetzel, sinnierte er über dessen Sinn und Zweck. Sein Resultat: Er missbilligte eine gewaltbereite allmächtige Kirche und deren politischen Einfluß.

Nicht nur Descartes hatte die Nase voll, auch die Menschen wollten endlich wieder Ruhe. Sie verloren den Glauben daran, auf göttliche Weisung hin zu handeln. Was für ein Gott ist das, der grauenhafte Gewalt, Tod und Vernichtung zulässt. Es war nicht verwunderlich, dass die neue Bewegung die „Gotteswahrheit" der Kirche anzweifelte und Beweise für die Behauptungen der Kleriker suchte. Deren mündliche und schriftliche Thesen wurden als unseriöse Erklärungen betrachtet und als „Vor-Urteile" verworfen.

Für die neuzeitlichen Denker war jedes „Vor-Urteil" unbegründet, unsachlich und wissenschaftlich nicht bestätigt. Aufklärung konnte nur gelingen, wenn man sich aller Vorurteile, wie religiöser Mythen oder Aberglauben, entledigte und sich seiner Unmündigkeit kritisch und aktiv entgegenstellte (Schneiders, 2005, S. 7 ff, 16, 83 ff; Gadamer, 1990, S. 275 ff).

Die Rebellen der Neuzeit suchten in der Vernunft das Wissen. Das Nachsinnen über Sinn und Unsinn dieser Welt war nicht mehr einzig und allein der Kirche vorbehalten – nun begannen Gelehrte genauer hinzusehen und zogen ihre eigenen Schlüsse. Für die Aufklärer (gefestigt auch durch die Entdeckungen und Errungenschaften dieser Zeit) ergab es keinen Sinn, dass der Mensch, am Ende seines Lebens, auf paranormale Weise zu seiner Vorsehung gelange. Der Mensch war nicht nur auf dieser Welt um alt zu werden, es musste noch mehr hinter seinem Daseinsanspruch liegen.

Die Überzeugung der „Philosophoi" war, dass der Mensch selbstbestimmt das eigene Wirken und Sein beeinflusst. Von daher wäre die Mühsal vorangegangener Generationen gerechtfertigt und diene als Etappe für das nächste Ziel. Heute würden wir sagen, jede Generation sorgt für die nächste. Dahinter steckt immer der Versuch, das nächste Leben zu verbessern. Damit erklärten die Aufklärer, ohne die Theologie zu bemühen, den Sinn des Seins.

Von nun an sollte der Mensch emanzipatorisch selbstständig und als frei wirkender Akteur für das eigene Leben verantwortlich sein. Unwissenheit und Obrigkeitsglaube sollten durch kritisches eigenständiges Denken ersetzt werden. Das war nur möglich, wenn alte Traditionen und angebliche Wahrheiten durchleuchtet wurden. Urteile sollten aus den eigenen Erfahrungen hervorgehen. Erst dann konnte man sich Vorurteilen völlig entziehen.

Das weltumspannende Credo sollte sein: Die Vernunft soll den Menschen dazu befähigen das Richtige und Wahre, aus eigener Einsicht, ohne vorgefasste Meinung (Vorurteil), zu erkennen. Dieser eindringliche Appell an den rechten Gebrauch der Vernunft sollte letztendlich zum theologieunabhängigen Denken führen.

Sozialpolitisch allerdings, führte der Wille zu einem besseren Leben nicht nur in die Glückseligkeit, sondern auch in die nächste Katastrophe. Es war der Auftakt zu einem neuen Verständnis für eine objektive Sicht der Dinge. In letzter Konsequenz der Startschuss zur Französischen Revolution (Böhm, 2010, S. 13; Blankertz, 1989, S. 23; Dorschel, 2001, S. 8 ff; Schneiders, 2005, S. 7 ff).

2.3 Die Rebellen der Neuzeit

Das nun zweideutige „Vor-Urteil" („praejudicium" auch praeindicium: Vorab-Urteil) bezog sich im 16. Jh. auf einen vorläufigen Richterspruch. Es war ein neutraler Begriff und stammte aus der Jurisprudenz. Der aufkeimende Anspruch zur Wahrheit bewirkte, dass das Vorurteil nun zweideutig bewertet wurde. Das vorab bewertende Urteil (Vor-Urteil) konnte nun auf verschiedene Weise gedeutet werden.

Einerseits war damit das „vorab-wertende Urteil", als ein vorläufiges Zwischenergebnis, während einer Entwicklung zum Endurteil gemeint; andererseits eine wenig reflektierte (wenig überdachte) Meinung. Umgangssprachlich stand es als Synonym einer Vorliebe bzw. Bevorzugung. Neben der richterlichen Vorab-Bewertung entwickelte sich nun die negative Komponente des Vor-Urteils: Das wertende Urteil, die nicht überprüfte Meinung oder Überlieferung.

Im Zeitalter der Entdeckungen und Erfindungen enthielt das „Vor-Urteil" tradierte Urteile und veraltete Denkmuster. Entstanden ohne jede Erfahrung und Vernunft, und von der Meinung anderer bestimmt (z.B. von Kirche und Staat). Erst die eigenständige Prüfung, mit legitimen Mitteln (wie der Mathematik, Geometrie usw.), führte zu geistiger Selbstbestimmung.

Es soll keine Behauptung existieren, die nicht überprüft wurde. Aufklärung sollte den Menschen von seinen tradierten Fesseln befreien und seine ökonomische Verbesserung beschleunigen. Sokrates Forderung nach einem guten Leben sollte mit dieser neuen Denkweise gelingen. Dabei galt es, sich der Unwissenheit und des Aberglaubens zu entledigen und dadurch zur Unabhängigkeit von der Obrigkeit zu gelangen (Dorschel, 2001, S. 7 ff; Böhm, 2010, S. 10 & S. 57).

Im 16./17. Jh. sorgten die mathematisch-mechanischen Naturwissenschaften, die geografischen Eroberungs- und Entdeckungserfolge, die

Umgestaltung und Erneuerung des Denkens und Lernens, für Neuerungen im religiösen, als auch im sozialen, Bereich. Die Abkehr von der Bevormundung, hin zur Emanzipation des eigenständigen Denkens und Handelns, stand im Mittelpunkt der aufklärerischen Bewegung.

Emanzipationsstreben und die Einführung empirischer Methoden schufen ein neues Verständnis für eine empirische Weltansicht. Neue selbstbestimmte Verbindungen, trieben nennenswerte Neugestaltungen auf sozialer, politischer und wissenschaftlicher Ebene voran. Die „Aufklärungsbewegung" forderte die Freiheit der Religionswahl, freies Denken und Reden, als auch die Autonomie der Presse.

Diese empirischen Errungenschaften und philosophischen Weisheiten eroberten die Staatsgebiete, deren festgefahrene und überkommene Ideen (Vorurteile) einer alten Zeit angehörten. Das Aufbegehren gegen Bevormundung und der Wille zur Emanzipation stellen, historisch gesehen, den zentralen und geschichtsträchtigen Prozess der Menschheit dar.

Einige der tonangebenden geistigen Führer jener Zeit waren Descartes (französischer Philosoph), Bacon und Locke (englische Philosophen), Vico (italienischer Philosoph) oder Kant (deutscher Philosoph) (Böhm, 2010, S. 57; Schneiders, 2005, S. 7 ff).

Folgen wir René Descartes (1596–1650) Ideen. Der französische Philosoph und Mathematiker gilt als Begründer des frühneuzeitlichen Rationalismus. Rationalist zu sein, bedeutete für Descartes: „Dem reinen Denken größere Bedeutung für die Erkenntnis beizumessen, als der Erfahrung". Descartes Überzeugung nach, kam die schöpferische Kraft des Menschen aus ihm (selbst). Weshalb die Anwendung der Mathematik als gesicherte beweisbare Erkenntnis galt. Die einzige Wirklichkeit bin ich selbst, so Descartes' Denken. Er gründete die verstandesmäßigen (rationalistischen) Wissenschaften, welche die herkömmliche Naturphilosophie ablöste.

Descartes' geistige Welt erschien ihm als ein böser Traum. Ein bloßes „Phantasieprodukt eines bösartigen betrügerischen Geistes". Traum und Wirklichkeit galt es nun, im Zusammenhang mit dem „Gottesbeweis", zu hinterfragen. Er entwickelte die „Lügengeist-Hypothese", welche zu dem Schluss kam, dass die Erkenntnisse und das zusammengetragene Wissen der Menschheit rein dem menschlichen Geist (Verstand) entsprungen sind und nicht einer göttlichen Eingebung (wie z.B. die Illumination bei Augustinus).

Denn die Metaphysik der Kleriker hatte ein enormes Problem: Übernatürliche Einsichten können nicht nachgewiesen werden, sondern bleiben ein Gebilde des Geistes. Descartes' Aussage „Ich denke, also bin ich" stand für eine neue Philosophie und wurde zum Vorbild des Rationalismus. Seine Überzeugung: „Was klar und deutlich zur Gewissheit wird, von dem können andere Wahrheiten abgeleitet werden".

Alles Wissen, welches nicht von der Mathematik abgeleitet oder überprüft werden konnte, wurde zur Nebensache der Wissenschaften erklärt. Es ist der Beginn der Trennung von Natur und Geist - i.S. der Aufteilung der Wissenschaften in die Natur- und Geisteswissenschaften. Die Naturphilosophie geriet allmählich in Vergessenheit (Blankertz, 1989, S. 24 ff; Böhm, 2010, S. 58 f).

Einerseits führte dieser absolute Anspruch von Sachlichkeit zu revolutionären technischen Neuerungen, auf der anderen Seite aber ebenso in ein fragwürdiges und inhumanes Zeitalter.

Der hohe technisch-mathematische Anspruch der Naturwissenschaften bescherte der Menschheit erst einmal erhebliche Erleichterungen im täglichen Leben. Wie z.B. die Dampfmaschine, die Waschmaschine, das Auto usw. Die neuen Maschinen dienten aber nicht nur der Bequemlichkeit – das traurige Ergebnis dieser Sachlichkeit waren auch äußerst effiziente Tötungsmaschinen.

Blicken wir auf die Gedanken von Francis Bacon (1561-1626; englischer Philosoph, Wegbereiter des Empirismus) und John Locke (1632–1704, englischer Arzt, sowie einflussreicher Philosoph und Vordenker der Aufklärung).

Unser erster Blick gilt dem Verstandesfanatiker Francis Bacon (1561–1626; englischer Philosoph, Wegbereiter des Empirismus).

Bacon schloß sich dem Dualismus seiner Zeit an, und übernahm die Idee der Trennung von Subjekt und Substanz. Die physische Seite des Menschen löste man vom Bewusstsein und verdinglichte diese.

Auch für ihn galt: Der Verstand (Geist) ist vom Körper getrennt – beide sind unabhängige selbsttätige Organe (Dinge). Der anthropologische Dualismus widmete sich der Entwicklung des Menschen und seines Verstands. Diese neue erfahrungswissenschaftliche Anthropologie vernachlässigte die Würde des Menschen und reduzierte ihn fortan nur noch auf den Körper – getrennt von seinem Geist (seiner Seele). Dieses Denken führte nicht unbedingt zu reiner Erkenntnis, sondern eher zur Vernachlässigung der ethischen Bedürfnisse der Menschen und der Tiere (Böhm, 2010, S. 61).

Bacon vertrat die These, dass Wissen Macht sei. Dieser Ausspruch dient heute noch als fragwürdiges Argument, zur Ausbeutung von Natur. Die Erde galt nun als unerschöpfliche und grenzenlose Quelle von Ressourcen. Deren unbehelligte Ausbeutung in unserer Zeit gleichbleibend fortgesetzt wird.

Dabei galten Bacons Überlegungen einer noch nicht entdeckten Wahrheit und Erkenntnis. Er wollte naturwissenschaftlichen Erkenntnissen, indem er alles zerlegte und zerstückelte, zur Wahrheit verhelfen. Einerseits bedeutete dies Dinge genau zu erforschen, andererseits erlaubte bzw. legitimierte dieses Denken die (gewinnbringende und schonungslose) Zerstörung der Umwelt.

Auch wenn zum gegenwärtigen Zeitpunkt klar ist, dass die Bestände dieser Welt einem dauerhaften Abschöpfen nicht gewachsen sind, hat sich hinsichtlich dieser Ausbeutung, bedauerlicherweise nichts Gravierendes verändert. Zu Zeiten Bacons sah die Lage noch anders aus. Hier fehlte den Philosophen der ganzheitliche Überblick, verbunden mit einem vorausschauenden Urteil. Vorerst galt es sich zu Emanzipieren und frei zu Denken.

Für Bacon war klar (1620, in seiner Idolenlehre): Das Vorurteil ist ein lästiges Hindernis der Erkenntnis. Eine Welt ohne Vorbehalte führe zu tatsächlichem Wissen – eine Ansicht, die viele seiner Zeitgenossen vertraten (Blankertz, 1989, S. 24; Böhm, 2010, S. 59).

Wie bereits erwähnt führte der absolute Vernunftgedanke nicht nur zur erfreulichen Weiterentwicklung des Menschen. Die Auflösung von Psyche und Physis verlangte eine rein versachlichte Sichtweise auf den Körper - er wurde zu einem Gegenstand. Dabei geriet der tierische und menschliche Körper ins Blickfeld fragwürdiger rationaler Forschung. Geist und Verstand sollten von nun an getrennt voneinander die Welt regieren. Das konnte nicht gut gehen.

Synonym zu dieser Versachlichung des Körpers, entwickelte sich die volkstümliche Meinung: „Nur noch eine Nummer zu sein". Viele Menschen verfolgt dieses unangenehme Gefühl, nichts weiter als nur eine Nummer im großen Ganzen zu sein, und fühlen sich ebenso behandelt.

Unser zweiter Blick folgt dem englischen Arzt und Philosoph John Locke (1632–1704). Er bemühte sich, die Ergebnisse des Empirismus auf die praktische Erziehung zu übertragen. Sein Augenmerk galt der Erkenntnistheorie, welche die Sinne durch Erfahrung prägte. Detaillierte Beobachtung und sinnliche Wahrnehmung bauen auf Erkenntnis auf und führen letztendlich zur Vernunft. Er wandte sich gegen Descartes' Annahme der angeborenen Neigungen.

So behauptete Decartes, daß die Gottesidee eine Veranlagung des Menschen wäre, welche weitervererbt wird. Locke wandte sich gegen die Naturwissenschaften aus dem bloßen Denken, und suchte ihr Fundament stattdessen in der Erfahrung. Seine Antwort auf Descartes Behauptung: „Wäre die Gottesidee Veranlagung, dann erübrige sich die Frage der Vernunft. Es gäbe nichts zu entdecken, was bereits vorhanden ist."

Eine Feststellung, welche offenlegte, daß Sinneswahrnehmung eine notwendige Voraussetzung zur Erkenntnis und somit zur Vernunft sei. Die Entwicklung des Menschen beginnt mit seiner Sinneswahrnehmung, welche zur Erkenntnis führt, aus der dann Vernunft resultiert.

Das Kind ist, laut Locke, ein unbeschriebenes Blatt (Tabula rasa), welches erst beschrieben werden muß. Das geschieht über die Sinne und Erfahrungen. Somit kann Locke und sein Mitstreiter Rousseau (1712-1778) als Entdecker der Kindheit betrachtet werden.

Kinder wurden als kleine Erwachsene wahrgenommen, und eine rechtliche Regelung gegen Kinderarbeit gab es noch nicht. Kinder und Jugendliche, vor allem aus den ärmeren Kreisen, kannten keinen regelmäßigen Schulunterricht. Sie mussten Schwerstarbeit erledigen. Das Reichsstrafgesetz entstand 1871, welches ausdrücklich klar macht, dass Kinder unter 12 Jahre schuldunfähig oder strafunmündig sind. Eine Kinderarbeitsschutzverordnung wurde erst 1998 erlassen[7] .

Die kindliche Existenz verbesserte sich - zumindest in den Industriestaaten - erst Ende des 20. Jh.; als Kinderzeit nicht nur als geschriebenes Gesetz und Floskel diente, sondern wahrhaftig im öffentlichen Leben angekommen war. Für viele Heranwachsende in den ärmeren Drittstaaten gelten fernerhin keine der umfangreichen Verordnungen zum Schutz der Kinder. Trotz vieler Kampagnen gegen Kinderarbeit, Kinderversklavung und Kindesmissbrauch, leiden zahlreiche Kinder auch jetzt noch unter diesen entwürdigenden Demütigungen.

Während Lockes Erkenntnis über Kindheit viele Generationen ins Grübeln brachte, verstärkte sich global der Gedanke des Dualismus.

---

7 https://de.wikipedia.org/wiki/Jugendarbeitsschutzgesetz

Mit Herz und Verstand betrachtet steuerte diese uneingeschränkte Forderung nach Neutralität nicht alle in ein glücklicheres Leben. Neben dem Menschen wurden auch die Tiere zur Sache erklärt. Tiere hatten besonders unter dieser Kategorisierung zu leiden. Der chirurgischen Erforschung am lebenden Tier stand nichts im Wege. Das Jaulen und Wimmern wurde als Reflex abgetan und ignoriert. Diese Art von Wissenschaft existiert heute noch. Tierversuche werden von Pharmaindustrie und deren wissenschaftlichen Mitarbeitern immer noch mit hohlen Phrasen verteidigt.

Letzten Endes enthüllte die Geschichte eine abgrundtiefe dunkle Seite wissenschaftlicher Forschung. Bedauerlicherweise übersahen die neuen Wissenschaften ein äußerst wichtiges Argument; nämlich Sokrates' Mahnung stets nach der Mitte zu streben. Die Balance zwischen den Dingen zu berücksichtigen. Die Missachtung dieses Gleichgewichts, verursachte letztendlich blutige Revolutionen. Ausgelöst durch Dekadenz und Habgier - gefolgt von Korruption und Verlogenheit.

Ein Extrem führte zum nächsten Extrem. Ein Schneeballsystem das sich auf allen Gebieten bemerkbar machte. Eine beunruhigende Entwicklung, welche sich auch im 21.Jh. zu wiederholen scheint.

Zeitgleich gab es auch besonnene und distanziertere Denker. Sie erkannten, dass diese einseitige Vorgabe nicht zum Erfolg führen konnte. Zwei dieser großen Denker sind z.B. Giambattista Vico, 1668–1744, italienischer Geschichts- und Rechtsphilosoph, als auch der große deutsche Philosoph Immanuel Kant. Kants Moralphilosophie forderte die Kehrtwendung eines emotionslosen Denkens. Der Mensch sollte Zweck an sich sein und nicht Mittel zum Zweck, so Kants Denken.

Der italienische Philosoph Giambattista Vico dachte eher geschichtlich und nicht mathematisch. Seine Auseinandersetzung mit dem Cartesianismus, galt den pädagogischen Möglichkeiten Menschen zu formen. Vicos Anliegen war es, die beiden Methoden – Empirismus und Realismus – zu vereinen. Seine Frage bezog sich auf das Wesen und den Weg der menschlichen Bildung, geknüpft an seine Vergangenheit.

Für Vico war eine umfassende humanistische Ausbildung des Menschen enorm wichtig. Er versuchte über sein Werk die „neue Wissenschaft" (scienza nuova), den Menschen in seiner Entwicklung und seiner Geschichte zusammenzufassen. Man könnte hier von einer Weiterentwicklung der Gedanken Bacons, sein „Tabula rasa", sprechen. Vico unterscheidet drei große Etappen der menschlichen Entwicklung.

In seiner ersten Stufe ist der Mensch ein wildes Tier („bestioni"). Tief in diesem „wilden Tier" ruht jedoch bereits das „Menschliche", das sich, über die Erkenntnis seiner Grenzen und Anerkennung, einer metaphysischen Existenz bewusst wird.

Aus diesem Erkennen heraus entstehen in der zweiten Phase Mythen, welche weder wahr noch falsch sind. Sie sind Ausdruck von etwas „Wahrscheinlichem". Wahr wird das Handeln, welches sich an ihren Geschichten und Märchen ausrichtet. Diese helden- und märchenhaften Charaktere werden nun zum Selbstentwurf und zum Leitfaden des Menschen.

Die dritte Stufe führt letztendlich zum Rationalen. Das Denken entwickelt sich aus diesen Stufen zum Erwachsen werden.

Bedeutende Pädagogen[8] erweiterten die Theorien Vicos und bereiteten den Weg für die modernen Erziehungswissenschaften. Z.B. wurden die Entwicklungsphasen des Menschen genau beobachtet und dokumentiert. Auch die Psychologie wurde Teil dieser pädagogischen Etappentheorien. Die pubertäre Phase kennt heute jeder und weiß, was damit ausgesagt werden soll.

In weiteren Ausführungen kommt Vico zu dem Ergebnis: Nur zwei Dinge bleiben dem Menschen unerschlossen – die Natur und Gott. Die Natur wurde von Gott gemacht, und Gott wurde nicht vom Menschen gemacht. Deshalb sind die Natur, wie auch Gott, für ihn nicht erfassbar. Vico folgerte daraus, dass das Wissen der Menschheit praktisch und historisch geprägt ist (Böhm, 2010, 62–63).

Nachsinnend über Handeln und Ratio und deren Widerspruch erkennt Vico: „Mag der Mensch gleich nach jener höchsten Wahrheitserkenntnis per causus streben, über die nur Gott verfügen kann, weil „Er" alles hervorgebracht und gemacht hat, so beschränkt sich seine Wahrheitserkenntnis doch unübersteigbar auf das vom Menschen selbst Hervorgebrachte: die fiktiven Gebilde von Mathematik und Geometrie, sowie die konkrete Wirklichkeit der Geschichte" (Zitat nach Böhm, S. 63).

Vico führte an, dass der Mensch zwar denkt, aber nicht erkennen kann, wie sein Gehirn bzw. sein Geist funktioniert, weil seine eigene Erkenntnis aus ihm selbst heraus gestaltet wird. Die Konstrukte unserer Fantasie und Wortbildung entstammen unserem Denken. Sie entstehen aus dem, was wir mit unseren Sinnen wahrnehmen bzw. erfassen können.

---

8 Quelle: https://de.wikipedia.org/wiki/Liste_bedeutender_P%C3%A4dagogen

Das, was meine Augen abbilden, muss nicht der Wirklichkeit entsprechen. Allerdings erspüren kann man diese schon. Schmerzen entsprechen durchaus dem, was Realität betrifft. D.h. Verletzungen spüren alle Lebewesen und können wahrgenommen werden. Die Sinnesorgane verfügen nur über jene Möglichkeiten, welche uns gegeben sind.

Ergo, jedes Lebewesen verfügt über eigene (subjektive) Erkenntnisse. Jeder erkennt nur einen Teil einer Wirklichkeit. Für Vico hat deshalb das erste Prinzip Descartes': „Nämlich, nichts für wahr halten, was nicht klar und deutlich erkannt ist, dass es nicht in Zweifel gezogen werden kann"; keinen Bestand[9]. Vico sieht im „Wahrscheinlicherem" die Historie und Entwicklung der Phänomene.

Nach mancherlei Fehlinterpretationen und geglaubten Wahrheiten, welche einige Gelehrte verbreiteten, erkannte erst allmählich die Elite der Wissenschaftler ihre Irrtümer. Viele Weisheiten, welche als gesichert galten, mussten später revidiert werden. So galten beispielsweise Jahrzehnte lang allgemeingültige Vorurteile gegenüber urzeitlichen Lebensformen. Dinosaurier wurden lange Zeit als behäbig und einfältig beschrieben. Ähnliches galt für die Steinzeitmenschen. Sie wurden als dumm, kulturlos und aggressiv charakterisiert (siehe dazu den Neandertaler, die Ureinwohner Australiens, oder die Indianer Amerikas).

Für Vico beinhaltet Wissenschaft nicht nur die Kenntnis von Ursache und Wirkung, sondern ebenso die historische Entwicklung, die der Mensch selbst gestaltet. Der Mensch handelt nicht rational, weshalb die Mathematik hier versagt. Er lässt sich in seiner geschichtlich-kulturellen Welt nicht deduzieren oder logisch beweisen.

---

9 Quelle: https://de.wikipedia.org/wiki/Giambattista_Vico

Die menschliche Welt ist das „Wahrscheinlichere" (Vernünftigere) und nicht die reine Vernunft. Somit erkennt Vico, dass Vorurteile ein fester Bestandteil des Menschen sind und stets das „Wahrscheinlichere" (eine mögliche Wahrheit) annehmen.

Die eine absolute Wahrheit gab und gibt es nicht. Wir stehen am Anfang unserer Wahrscheinlichkeiten – egal, um welche Wissenschaft es sich hierbei handelt. Wissenschaft und Forschung muß demütig zugeben, daß die Erforschung der Natur (egal, ob es sich um den Menschen, das Universum oder physikalische Gesetzmäßigkeiten dreht) und die daraus resultierenden Erkenntnisse nie endgültig sein werden. Auch wenn es in der Zukunft möglich wird immer mehr Maschinen bzw. Computer für die Mikro- und Makroebene einzusetzen - werden für Menschen weiterhin fundamentale Fragen offen bleiben und können nicht geklärt werden (Böhm, 2010, S. 63).

Das heißt jedoch nicht, daß weiter nach Erkenntnis geforscht werden soll. Eine dieser bedeutenden Erkenntnisse heißt Aufklärung. In Deutschland nahm Kant (1784) den Geist der „Aufklärung" auf, beantwortete die Frage „Was ist Aufklärung?" philosophisch und grenzte den Begriff ein. Seine Definition vom „aufgeklärt sein" meint Selbstaufklärung. Kant übersetzte, zitierte und prägte dafür den Ausspruch „Sapere aude" und erhob diesen zu einem philosophischen Leitsatz (das Zitat stammt aus den Episteln-Briefen des lateinischen Dichters Horaz, Epist. I, 2, 40).

Dieser neue Leitsatz verweist auf die Unwissenheit des Volkes, auf die Unsitte, sich an Anweisungen und Urteile (Vorurteilen) gebunden zu fühlen und diesen blindlings zu folgen. Unwissenheit und Obrigkeitsglaube, hervorgerufen durch den absolutistischen Anspruch der Theologie (als Träger der absoluten Gotteswahrheit) und Aristokratie, wurden ersetzt durch kritisches eigenständiges Denken. Der soziale Aufstand war Realität geworden. Der Aufruf der Eliten, im 16./17. Jh., zum „Ungehorsam" gegenüber der Obrigkeit, führte einerseits zu Religions- und Bürgerkriegen, aber auch zur Meinungsfreiheit und Demokratie (Dorschel, 2011, S. 11 ff; Böhm, 2010, S. 56; Schneiders, 2005, S. 11 f).

Alle Erkenntnisse und vorbildlichen Überlegungen der Denker dieser Zeit konnten nicht die tradierten Vorurteile aus den Köpfen der Menschen eliminieren. Der Aberglaube blieb ein Bestandteil des Menschen und die Vorliebe für das „Wahrscheinlichere" verstärkte Mythen und Legenden. Aufgrund der technischen Möglichkeiten, wie Internet und Co., wird Klatsch und Tratsch zu einem neuen Herzstück menschlicher Interaktion. Die Mythen und Legenden der Moderne konstituieren sich aus Verschwörungstheorien, Sektenideologien, Geheimbünden, Gerüchten oder althergebrachten Tabus. Die wahre Gefahr für die Menschheit, liegt wahrscheinlich eher in den selbst verschuldeten Katastrophen, wie weltweite Seuchen, der hausgemachte Müll bzw. Schrott, die anhaltende Luftverschmutzung und die damit verbundene Klimaveränderung.

Unseren Vorurteilen weiter folgend, verlassen wir nun die Mythen und Legenden und wenden uns den modernen Wissenschaften zu. Diverse Forscher bemühten sich, soziale Interaktionen zu analysieren. Sie nutzten neue Methoden und Theorien, um Sachverhalte darstellen zu können. Das Konstrukt Vorurteil soll einerseits theoretisch und andererseits praktisch geprüft werden.

Bedeutende Theorien, zum Sachverhalt Vorurteil, stellen die Psychologie, die Sozialpsychologie und die Soziologie vor. Ihre Ziele sind, das Konstrukt Vorurteil von anderen Urteilen und Einstellungen abzugrenzen und zu separieren. Daraus entstanden Subthemen wie die „Gruppenerhöhungstheorien", das „In- und Outgroupphänomen", die „Kategorisierungsprozesse" usw.

2.4 Das Vorurteil in der Moderne

Allen voran befasst sich mit dem Phänomen Vorurteil die Sozialpsychologie, welche die Regeln und Methoden der Vorurteilsnahme gegenüber Individuen und Gruppen erforscht. Ihre Ergebnisse sind vielfältig und bergen reichlich Diskussionsstoff.

Da positive Vorurteile kaum ein Problem darstellen, werden Vorurteile (Stereotypen) in der Vorurteilsforschung hauptsächlich als negative Bewertung beschrieben. Dominierend hierbei ist die Forschung zu diskriminierenden negativen Wertungen gegenüber Sub- oder Fremdgruppen (Six & Schütz, 2006, S. 17).

Erlernte (negative) Ressentiments gegenüber Ethnien/Minderheiten (Flüchtlinge, Asylbewerber, Migranten etc.) führen dazu, Unbekannten und Fremden mit Misstrauen und Abstand zu begegnen. Vor allem werden hierbei negative Einstellungen, aufgrund der Zugehörigkeit dieser Fremden zu einer Außengruppe, ungefragt und kompromisslos übernommen. Wenn durch Gleichgesinnte (Familie, Peer-Groups, Schulfreunde etc.) dieses Vorurteil zudem rassistisch manifestiert wird, kann es zu Extremsituationen kommen, in denen Diskriminierungen und kriminelle Gewalt nicht mehr auszuschließen sind (Frey & Greif, 1997, S. 368).

Die moderne Forschung schlussfolgert, dass Vorurteile (Stereotype) ein fester Bestandteil der Menschheit sind. Wir kategorisieren und legen Eindrücke, Erlebnisse und Handlungen in einer Art Archiv oder Dateisystem ab (auch Schubladensystem genannt). Über das Einordnen von Informationen in unsere Schubladen, werden Dinge nach individuellen Vorlieben bewertet und abgespeichert. Dabei handelt es sich um ganz persönliche und erlernte Eindrücke von Erinnerungen, Erlebnissen und Personen.

Diese subjektiv geordneten Codes werden in einer dazu passenden Situation wieder abgerufen. Das Gehirn speichert alle diese Eindrücke als wichtig, weniger wichtig oder gefährlich, weniger gefährlich ab. Als sehr wichtig kategorisiert wird die Sprache. Sie ist das tonangebende Instrument menschlichen Zusammenseins. Unser Denken bestimmt die Sprache und birgt zahlreiche erlernte und versteckte Vorurteile.

Die Macht der Sprache kennen wir an unüberlegten Äußerungen, die nicht zurückgenommen werden können. Die Sprüche: „Das war nicht so gemeint" oder „Das wollte ich nicht sagen", kennt sicherlich jeder von uns. Vielleicht sollten wir uns unserer Macht der Worte wieder mehr bewusst werden und, entgegen dem Mainstream, unsere Worte mit Bedacht wählen. Ein weiser Philosoph namens Isokrates äußerte sich dazu wie folgt: „Bemühe dich, von lobwürdigen Dingen zu sprechen, damit du dich gewöhnst zu denken, wie du sprichst." Ich glaube, dieser Ausspruch wäre doch eine Überlegung wert!

Folgen wir weiter dem wissenschaftlichen Kontext, werden Vorurteile als offen, versteckt, negativ oder positiv bezeichnet.

Offene Vorurteile sind z. B. Witze, (Volks-)Sprüche oder Redewendungen. Versteckte Vorurteile finden sich in diskriminierenden Gesetzestexten, z. B. zum Thema ungleiche Bezahlung[10]. Die negativen Auswirkungen von Vorurteilen zeigen sich in der Diskriminierung von Randgruppen. Als positiv wertendes Vorurteil werden Vorlieben bezeichnet. Bestes Beispiel dafür ist der Fan eines bestimmten Vereins, oder Vorlieben für spezielle Speisen, gewisse Vorlieben für Duftvariationen, oder die Liebe zu den Eltern, oder dem Partner, usw. (Six & Schütz, 2006, S. 16).

Erlernte tradierte Vorurteile können über Generationen bestehen bleiben. Ein gutes Beispiel für ein erlerntes Vorurteil sind Tierphobien - z.B. Menschen, die eine übertriebene Angst vor Mäusen, Spinnen, Schlangen usw. entwickelt haben. Bestimmte Ängste und Vorlieben werden sozial geteilt, verbreitet und sind bekannt. Innerhalb des Verbands, der Gruppe, des Clans werden diese Aversionen verstanden. Man kann sich dies als eine Art geheimen Code zwischen Gruppenmitgliedern vorstellen (z.B. ein bestimmter Blick stellt klar, was gemeint ist; eine einstudierte Geste oder Mimik verstehen alle usw.).

Während so manches Vorurteil sich gegenüber Eigen- oder Fremdgruppen verändern kann, haben sich die Vorurteile gegenüber den „Neuankömmlingen" wieder verstärkt. In der Öffentlichkeit wird vehement debattiert, welchen Nutzen und Schaden die Menschen aus muslimischen Ländern, oder sogenannte Wirtschaftsflüchtlinge, den Einheimischen bringen. Diese Debatten rufen in uns erlernte Vorurteile in Erinnerung, gerade wenn eine Negativ- oder Positivbewertung der erlernten Situation entspricht. Ängste öffnen spontan Schubladen (welche reaktiviert werden), wenn wir glauben, von fremdartigen Wesen bzw. Phänomenen be-

---

10 Siehe die immer noch anhaltende geschlechterspezifische Debatte über die ungleiche Bezahlung von Frauen

droht zu werden (Afrikaner, Orientalen, Chinesen oder von Hungersnöten, Pandemien, Umweltkatastrophen usw.).

Auf der anderen Seite erscheinen Vorurteile faszinierend. Sie verhelfen dazu, auf alltägliche Situationen schnell reagieren zu können. Beispielsweise greifen wir automatisch zu jenen Produkten, die uns bekannt erscheinen. Das ist effizient, wenn wir im Ausland verweilen und der Sprache nicht mächtig sind. Als positiv wertendes Vorurteil lässt sich das uneingeschränkte absolute Vertrauen des Kindes zu seinen Eltern zuordnen. Dieses „Urvertrauen" ist notwendig, da Menschen als (biologische) Frühgeburten auf die Welt kommen, und eine äußerst lange Zeitspanne Hilfe und Unterstützung von Erwachsenen benötigen.

Mit großem Spielraum für Sympathien kann der Blick auf den eigenen Fußballverein, oder die Nation, verbunden sein. Eine positive Sicht auf die eigene Nation/Herkunft kann den Zusammenhang, aber auch die Abschottung, gegenüber anderen stärken. Einige Fußballfans zeigen eher ihr negatives Bild von sich (siehe Randalierer, Hooligans).

Widersprüchlich erscheint die Auffassung zu anderen Nationalitäten. Der besondere Blick auf den „Südländer" gilt heute noch. Der Italiener wird als Frauenverführer und Macho angesehen. Ein Bild, das man einerseits als positive Einstellung sehen könnte, aber andererseits auch als abwertende Eifersüchtelei betrachten kann. Das heißt, Sichtweisen können positiv sein – müssen es aber nicht.

Die meisten Menschen fühlen sich in ihrem Verein/ihrer Gruppe wohl. Allerdings birgt dieses „Wohlfühlen" die Gefahr, allem und jedem zu folgen, ohne deren Einstellungen (negative als auch positive Meinungen) zu hinterfragen. Man begibt sich (gewollt oder ungewollt) in eine Mitläuferrolle und unterwirft sich aus Bequemlichkeit den Normen einer Gruppe, oder übersieht diskriminierende Reden und Aktionen. Es fällt schwer, die eigene Gruppe anzugreifen, zur Rede zu stellen, oder sich einzumischen. In stark hierarchisierten Verbänden wird Opposition bestraft bzw. sanktioniert. Das führt dazu, sich von Missetaten eventuell zu distanzieren. Wegzuschauen und sich zu verstecken, anstatt sich dagegenzustellen.

Vielleicht sind hier die „falschen Bilder" in unserem Kopf der Motor dafür, Erlerntes nicht mehr zu revidieren. Solange keine andere Wahrheit vorliegt, bzw. bewiesen werden kann, bleibt die wahrscheinlichere Annahme bestehen. Welche Wahrheit herangezogen wird und in den Köpfen bleibt, ist vom Denken und Handeln der jeweiligen Gesellschaft abhängig (Six & Schütz, 2006, S. 16).

2.4.1 Bilder in unserem Kopf - das Stereotyp

Für die kaum veränderbaren Bilder in unserem Kopf formulierte erstmals Lippmann (1922, in seinem Buch Public Opinion) das „Stereotyp", als wissenschaftliche Bezeichnung. Als ein festgesetztes Stereotyp gilt z. B. die instinktive Verbindung der Jazzmusik mit einem Schwarzen; oder, Italien mit Pizza und Spagetti; oder, Schneewittchen geht ohne die 7 Zwerge gar nicht. Solche Kopplung von Bildern werden als Schablonen bzw. Archive bezeichnet, welche sich im Laufe der Entwicklung bilden und einprägen[11].

---

11 Eine äußert perfide negative Kopplung von Bildern (Einprägungen) stellen die Physionomie-messungen der Nazis und die dazugehörenden gehässigen Abbilder von angeblichen Staatsfeinden dar. Hierzu bedarf es keiner weiteren Erklärungen.

Ob das Vorurteil nun als Stereotyp oder Vorurteil benannt wird, erscheint unerheblich. Beide Begriffe stellen sich ähnlich dar. Das Vorurteil entsteht, im wissenschaftlichem Sinne, aus unserem Denken und Einordnen der Dinge. Wobei der emotionale Anteil unberücksichtigt bleiben sollte.

Doch Vico erwähnte bereits, daß emotionale Elemente nie vom Menschen getrennt werden können, sodass klar sein müsste, dass jedes Vorurteil, oder Stereotyp, auch Gefühlsstimmungen in sich trägt. Es lassen sich Inhalte, wie verstandesmäßig, gefühlsbetont und verhaltensbezogen dem Stereotyp ebenso zuordnen, wie dem Vorurteil.

De facto lässt sich das Vorurteil oder Stereotyp über seine Funktion, Entstehung, Stabilität und Vernetztheit anschaulicher abbilden (Six, 2000; Six & Schütz, 2006, S 18).

Zu diesen Themen füllten sich im Laufe des letzten Jahrhunderts die wissenschaftlichen Datenbanken. Es sprudelte nur so von theoretischen Modellen zum sozialen Vorurteil. Deshalb sollen hier, als anregender Einstieg, nur eine verkürzte Auswahl von Theorieansätzen vorgestellt werden.

2.5 Die Beziehung zwischen Gruppen

Allgemein festgelegt werden Vorurteile, unter sozialwissenschaftlichen Bezugssystemen, nicht nur zur Erklärung individuellen sozialen Verhaltens, sondern auch zur Erklärung der Beziehungen zwischen Gruppen. Z. B. betont Westie (1964) den normativen Gehalt von Vorurteilen und das dadurch festgelegte Gruppenverhalten, welches Mitglieder einer Gruppe gegenüber Mitgliedern von Fremdgruppen zu zeigen haben.

Ebenfalls betonen Sherif und Sherif (1956) den festgelegten Normgehalt von Gruppen. In den Norm- und Wertvorstellungen liegen ihrer Meinung nach die negativen Einstellungen (Vorurteile) von Gruppenmitgliedern gegenüber Fremdgruppen. Dieser normative Gehalt erschwert den Ausstieg, oder den Widerspruch, da jedes Mitglied angehalten wird, sich dem Kodex der Gruppe zu unterwerfen. Deshalb fällt es schwer, wie bereits beschrieben, sich von gruppeninternem Verhalten zu distanzieren, oder zu opponieren (Six & Schäfer, 1978, S. 14 ff; Güttler, 2003, S. 112; R.S. de Nagell 2024).

Güttler (2003, S. 110 ff) beschreibt Vorurteile als sozial nicht akzeptierte Bewertungsmuster, die sich auf soziale Sachverhalte (z. B. Nationen, Parteien, Wissenschaft usw.) beziehen. Personen, Personengruppen und ethnische Minderheiten (Ausländer, Behinderte, Kriminelle usw.) werden in der Vorurteilsforschung als soziale Objekte bezeichnet. Wozu auch andere soziale Sachverhalte gehören, wie Politik, Religion, Schule etc. Güttler postuliert: „Vorurteile sind Urteile über Individuen oder Gruppen, die falsch, voreilig, verallgemeinernd und klischeehaft sind. Sie wurden nicht an der Realität überprüft und beinhalten meist eine negative Bewertung. Vorurteile lassen sich kaum eliminieren, das heißt, sie sind durch neue Informationen nur schwer zu verändern und zeichnen sich durch eine hohe Stabilität aus" (zit. nach Güttler, 2003, S. 111).

Der Ursprung von Vorurteils- und Stereotypenbildung zeigt sich oft in dynamischen Gruppenprozessen, wie sie Sherif und Sherif, später ebenso Tajfel et.al., erforschten. Vorurteile gegenüber Fremdgruppen sind danach immer als „Ingroup-Outgroup-Interaktion" zu verstehen. Das heißt, Mitglieder einer sozialen Gruppe haben ein Bild von dem "fremden Anderen" sozial konstruiert und zugleich das Bild von der Eigengruppe festgelegt. Diese Gruppenerhöhungstheorien belegen das Ferienlager-Experiment von Sherif und die „soziale Identitätstheorie" (SIT) von Tajfel et al[12] (Güttler, 2003, S. 112; Six & Schäfer, 1978, S. 30 ff; R.S. de Nagell 2024).

Eine weitere Theorie stellt Vorurteile als soziale Repräsentation (i.S. von gemeinschaftlicher Darstellung) dar, da sie nicht nur sozial tradierte Wert- und Urteilsmuster beinhalten, sondern ebenso stabile Beurteilungen sind, die sozial geteilte Vorurteile darstellen. Unter sozialer Repräsentation werden umformulierte Deutungsmuster verstanden, das heißt, komplizierte Sachverhalte werden alltagstauglich bzw. verständlich gemacht. Obwohl sie, wie bei Güttler (2003, S. 110) beschrieben, nicht sozial akzeptabel sind, da sie von anderen Wertmustern abweichen.

Z.B. bestehen sozial tradierte Werte- und Urteilsmuster gegenüber Sinti und Roma. Im Laufe der Jahrhunderte wandelte sich das Bild vom fahrenden Händler, Musiker und geschicktem Handwerker (dessen Arbeiten geschätzt wurden), zum Unheilsbringer, Bettler, Streuner und Dieb. Immer mehr begann sich das Bild negativ zu wandeln, und der Zigeuner wurde fortan gemieden, misstrauisch beäugt und aus dem Alltagsleben peu à peu verbannt. Heute werden Sinti und Roma immer noch von diesen negativ tradierten Bildern benachteiligt und diskriminiert.

So gesehen beinhalten Vorurteile kollektive Vorstellungen, welche kommuniziert bzw. besprochen und dann tradiert werden, stets bezogen auf die Wert- und Normvorstellung der eigenen Gruppe oder Sippe. Dabei werden neue Informationen, in bereits bestehendes Wissen, eingegliedert, klassifi-

---

12 Ausführlichere Informationen für Interessierte siehe Aronson et al. 2008; Güttler, 2003; Six & Schäfer, 1978; zusammengefaßt von R.S. de Nagell 2024.

ziert und verbildlicht (siehe klischeehafte Schnittmuster). Auf diese Art und Weise werden komplizierte Sachverhalte vereinfacht und in dem bestehenden Normen- und Wertesystem verankert. Weitere Beispiele derartiger Umformulierungen sind Vorurteile gegenüber anderen Völkern (z.B. Naturvölker), neuen Maschinen, Erfindungen oder Techniken (z. B. Atomkraft, Computer usw.).

Bestehen z.B. bereits Vorurteile über eine bestimmte Person oder Gruppe, wie: „Asylanten sind Bettler", ist es nicht weit bis zum nächsten Sprung: „Asylanten stehlen". Diese neue Information wird nun an die bestehende angegliedert. Das heißt, nun betteln Asylanten nicht nur, sondern stehlen auch noch.

Vagabundentum und Müßiggang haben im „rastlosen" Europa keinen guten Ruf. Die Attribute „diebisch und faul" stehen von daher symbolisch für die Sichtweise eines europäischen Normen- und Wertesystems. Es finden sich genügend Wächter, die darauf achten, dass diese antiquierten Regeln europäischer Denkmuster (fortdauernde tradierte Vorurteile) eingehalten werden (Six & Schütz, 2006, 24 ff).

Obwohl die hiesige Bevölkerung mit Gastarbeitern bereits viele Erfahrungen gesammelt hat und diese zumindest von der Mehrheit der Deutschen anerkannt wurden, stellt die neue Herausforderung mit den vielen Flüchtlingen, aus Syrien, Irak, Afghanistan usw., ein seltenes, auffälliges und ungewöhnliches Ereignis dar. Der Grund dafür ist, dass der Mehrheit der Inländer kaum, oder keine Informationen, zu diesen „Fremden" vorliegen und ebenso kaum Kontakte entstehen, oder gepflegt werden.

Deshalb werden tradierte Vorurteile von der Majorität formuliert (im

Sinne von): „Die sehen wie Zigeuner aus". Und das gemeinsame Auftreten (Korrelation) der Schutzsuchenden wird überschätzt (im Sinne von): „Wir Deutschen werden von denen überschwemmt".

Chapman & Chapman (1969) bezeichnen solche Urteilsbildungen als „illusionäre Korrelation" – absurde Wechselbeziehung. Diese Einschätzung bzw. Wechselbeziehung korreliert mit sozialen Kategorisierungsprozessen. Wie bereits angemerkt dienen Kategorisierungsprozesse dem Schutz vor kognitiver Überforderung, indem eingehende Informationen gebündelt, vereinfacht und strukturiert werden (Six & Schäfer, 1978, S. 14 ff; Six & Schütz, 2006, S. 26 ff).

Dieser Prozess gilt für viele Informationen. Es wäre hinderlich, erst lange darüber nachdenken zu müssen, wie eine Straße (ohne Schaden) überquert werden kann, wie ein Auto zu steuern ist, oder wenn ich nicht erkenne, welchem Amtsträger oder Gruppenmitglied ich gegenüberstehe (z.B. Polizist, Richter, Arzt, Pfarrer, Kaminkehrer – oder andere soziale Gruppen wie Punks, Hippies, Yuppies etc.). Zu Zeiten der Zunftgemeinschaften und des Adels war die Berufsbekleidung streng dem jeweiligen Stand zugeordnet und deutlich zu erkennen. Heute stellen Trachtenvereine mit ihren authentischen Umzügen geschichtsträchtige Zugehörigkeiten nach. Die Menschen hängen an ihren Traditionen, welche ihnen Geborgenheit und Heimatgefühl vermitteln.

Ähnliches gilt für Urlaubsausflüge. In einem fremden Land mit fremder Sprache orientieren (kategorisieren) wir uns nach bekannten und gewohnten Mustern. Eine Überlebensstrategie bzw. kognitive Energiesparvariante, die uns hilft, uns in einem unbekannten Umfeld schnell zurechtzufinden. Ebenso wichtig scheint es, die Zugehörigkeit zu einer bestimmten Gruppe mithilfe einer bestimmten Kleidung nach außen deutlich sichtbar zu machen (Six & Schütz, 2006, S. 27; Frey & Greif, 1997, S. 366 ff).

Die Frage ist nun, weshalb und warum sich Menschen zu bestimmten sozialen Gruppen hingezogen, oder eher davon abgestoßen fühlen. Von den unterschiedlichen Erklärungsansätzen sind soziale Kategorisierungsprozesse von Bedeutung. Dieser Einordnungsprozess hilft, Beziehungen zwischen Außen- und Fremdgruppen zu erklären.

Wie beschrieben, fächern wir unsere komplexe Umwelt im Laufe unserer Entwicklung in unterschiedliche Rubriken auf. Zur einfacheren Orientierung legen wir uns ein System von Schubladen (Kategorien) an. Diese schablonenhaften Bilder bleiben in unseren Erinnerungen fest verankert. Sie sind verallgemeinernd und kaum revidierbar.

In diesem Zusammenhang neigen Menschen dazu, nicht nur eine Person, als Mitglied einer Gruppe, zu stereotypieren; sondern übertragen die Eigenschaften einer Person auf alle Mitglieder dieser Gruppe (z. B. wird ein Asylant beim Stehlen erwischt – also stehlen alle „Asylanten"). Solche Stereotypisierungen beeinflussen unser Denken und führen zu einer Verhaltenskomponente, die sich in Diskriminierung und latenten Aggressionen äußern kann. Henri Tajfel wies darauf hin, dass Vorurteile infolge von Klassifizierung nicht nur extremer, sondern auch änderungsresistenter werden (Aronson et al., 2008, S. 424 ff).

Nach europäischen Wertmaßstäben wird ein ärmlich gekleideter Mensch meist als asozial oder faul bewertet. Vergleichbares gilt für die zahlreichen negativen Attributzuschreibungen gegenüber den Schutzsuchenden bzw. Flüchtlingen. Das äußere Erscheinungsbild verführt zu schnellen Be- und Verurteilungen, welche nicht unbedingt der Wirklichkeit entsprechen. Ein Vagabund oder Bettler muss nicht unbedingt arm sein, nur weil er nicht angemessen gekleidet ist. Ein Flüchtling ist nicht von vornherein ein schlechter oder dummer Mensch, nur weil er einen anderen Glauben vertritt oder anders aussieht.

Tajfel bewies 1971 mit seinem „minimal group paradigm" (eine Art Gruppenerhöhungstheorie), dass minimale Voraussetzungen (wenig Informationen) zur Gruppenbildung führen und gleichzeitig Diskriminierungs- und Favorisierungsprozesse auslösen. Über soziale Vergleichsprozesse zwischen der eigenen und anderen Gruppe werden Informationen über die eigene Position und die eigene soziale Identität gewonnen. Dieser Prozess der Abgrenzung stabilisiert die bereits bestehenden Gruppendifferenzierungen und fördert die Bildung von Vorurteilen, als auch diskriminierenden Verhaltensweisen.

Das „minimal group paradigm" kurz geschildert:
Die Forscher teilten die Versuchspersonen, die sich nicht kannten, willkürlich in zwei Gruppen ein. Anschaulich wurde eine „Klee-Gruppe" und eine „Kandinsky-Gruppe" gebildet. Ihre Aufgabe war es, den Gruppen Geld zuzuteilen. Stets wurde der „vermeintlichen" Eigengruppe mehr Geld zugewiesen, als der anderen. Das setzt eine Umgewichtung voraus, bei der die Ingroup höher steht als die Outgroup. Wie das Experiment von Tajfel et al. zeigte, geschieht das bereits aus beiläufigen Gründen.

Das heißt: Die bloße Kategorisierung von Personen in „Ingroup" (Eigengruppe) und „Outgroup" (Fremdgruppe) führt zu Diskriminierungen.

Der Mensch neigt dazu, die eigene Gruppe positiver zu bewerten. Gefolgt von einer Erhöhung des eigenen Wertes und zunehmender positiver sozialer Identität. Der gestiegene Selbstwert führt zu einem verstärkten „Wir-Gefühl". Nach dem Motto: „Ich bin stolz darauf, dieser Gruppe anzugehören."

Dieses „Wir-Gefühl" kann allerdings gefährlich werden, wenn es sich um gewaltbereite und diskriminierende Gruppen handelt, die ihrerseits innerhalb des Verbandes meist ihre Mitglieder unterdrücken, abhängig machen und beim geringsten Verdacht der Untreue, das Mitglied unter Druck setzen[13]. Solche Gruppen sollte man meiden und nicht unterstützen (Aronson et al., 2008, S. 424 ff.; Six & Schütz, 2006, S. 27 ff.; Six, 2000).

Zusammenfassend wird deutlich, dass viele Gemeinsamkeiten zwischen den Konzepten der Vorurteilsbildung festzustellen sind. Beschrieben werden konnte, welchen historischen Werdegang das „Vorurteil" vollzog, wie heute diese „sozial unerwünschte Meinung" wissenschaftlich ausgelegt wird, und wie sich Vorurteile in der Gesellschaft manifestieren.

Deutlich erkennbar wurde, dass Vorurteile nicht angeboren sind, oder vererbt werden können. Sie werden über Eltern, Freunde und soziale Gruppen weitergegeben und vertieft. Entgegen der Annahmen neuzeitlicher Denker sind Vorurteile weder auszulöschen; noch gibt es eine Welt ohne Vorurteile, wie Bacon postulierte.

---

13 siehe gewaltbereite Gruppen, wie Terrororganisationen, fanatische Attentätergruppen, moderne rechtsradikale Gruppen, aber auch religiöse Eiferer, Despoten, machtbesessene Alleinherrscher.

Blicken wir zurück, findet sich immer wieder eine Welt voller Haß. Sozial und politisch „geschürte Vorurteile" kosteten vielen unschuldigen Menschen das Leben.

Passende „Marktschreier" (politische Sympathisanten, als auch angepasste Mitläufer) fanden sich zeitnah. Sie waren allzuschnell bereit negative Wertungen lauthals zu verbreiten. Viele akzeptieren den Beginn von Angst und Verleumdung.

Die sozial Unerwünschten des 21. Jh. sind jene, die keinem Mainstream folgen und sich ihre eigenen Gedanken, über politische und soziale Vorgänge, machen. Dazu gehört m.E. auch die große Diskussion über Whistleblower oder Verschwörungstheoretiker, aber auch unermüdliche Umweltaktivisten wie Greenpeace, Foodwatch und Co. Denn hier handelt es sich um jene unerwünschten Personengruppen, die eine eigene Meinung vertreten, um ihre Überzeugungen kämpfen und dabei versuchen diese Welt zu schützen und zu verbessern. Paradox nur, daß ebendeshalb diese Aktivisten angefeindet werden (maßgeblich von skrupellosen Wirtschaftsbossen und Politikern, die um ihre Profite bangen).

Wir sollten uns daran erinnern, daß gerade die Meinungsfreiheit eine der bedeutsamsten Verdienste der Weltbevölkerung ist. Ohne diese, ständen wir immer noch im tiefen Mittelalter zwischen Hexenverbrennung und Folter. Es reicht jedoch nicht aus, nur eine eigene Meinung zu vertreten. Wichtig dabei ist auch Aufklärung zu betreiben. Die Menschen über Missstände zu informieren, auch wenn es mühsam werden könnte, oder man dafür verfolgt wird.

Kants Artikel „Was ist Aufklärung"[14] bedeutet informiert zu sein, eine eigene Meinung frei zu äußern und dementsprechend frei zu handeln. Unsere Vorurteile betreffend, bedeutet das, die Mechanismen und Funktionen gestreuter Vorurteile, welche hauptsächlich Angst verbreiten, zu durchschauen. Es bedarf viel Mut, um sich gegen eine gängige Meinung, gegen Diskriminierung und Vorverurteilung anderer zu stellen. Die Menschen sollten darauf achten, sich nicht verunsichern und verängstigen zu lassen. Der soziale Frieden in unserer Gesellschaft und unsere gemeinsame Zukunft hängt von diesen „Bildern" in unseren Köpfen ab.

Brennpunkt ist und bleibt die soziale Gruppe (Familie, Freunde, Vereine etc.). Sie ist der Motor für Verallgemeinerungen und Negativbeurteilungen. Vorurteile beleben das Miteinander, aber auch Gegeneinander, und dienen zu unserer Orientierung.

Dabei geht es auch um die Frage, wie es in unserer aufgeklärten Zeit sein kann, dass Menschen kritiklos totalitären Autoritäten bzw. Systemen gehorchen, andere Menschen als minderwertig oder nicht gleichberechtigt ansehen, und wie es zu einer Verstärkung von Vorurteilen und gewaltbereiten Feindseligkeiten in sozialen Gruppen kommen kann (Aronson et al., 2008, S. 10 ff.).

Ein soziales Bündnis hat bestimmte Normen und Regeln. Teilweise ungeschriebene Gesetze, an die sich jedes Mitglied halten muss. Zu starre Regeln, veraltete Normen und überkommene Traditionen führen oftmals zu Mitgliederschwund. Man kennt dieses Phänomen, wenn Vereine zu sehr an ihren veralteten Strukturen hängen bleiben, und für die Ideen der Jugend keinen Platz haben. Ebenso kann das Gegenteil bestimmend sein.

---

14 1784 in der „Berlinischen Monatsschrift" veröffentlichter Beitrag

Bei aufkommendem „Wir-Denken" kann es sein, dass vor allem nationalstaatlichen Organisationen mehr Zuwachs zuteil wird (hierzu zählt ebenso die wiederaufkommende Beliebtheit von alteingesessenen Landesverbänden wie traditionellen Tanzgruppen, Trachtenvereinen usw.).

Die Gruppe, der soziale Zusammenschluss, beherrscht zu allen Epochen das Zusammenleben der Menschen. Die Gruppe stand für Sieg und Untergang; oder besser gesagt, Anerkennung oder Vertreibung. Im zwischenzeitlich friedlichen Europa besteht kein Zwang mehr einer Gruppe anzugehören. Aber warum fühlt sich die Mehrheit zu einer Gruppe hingezogen, oder wollen unbedingt einer Gruppe angehören?

Sozialpsychologen, Soziologen oder Psychologen beschäftigen dazu viele Fragen: „Was macht eine Gruppe aus? Warum ist die eine beliebter als die andere? Warum ist die Zugehörigkeit zu einer Gruppe für viele so wichtig?" Hierzu werden interessante Ansätze diskutiert.

2.5.1 Die soziale Gruppe

Wenn von Gruppen die Rede ist, spricht die Wissenschaft von mindestens zwei Personen, welche die gleichen Interessen verfolgen, miteinander im Austausch stehen, oder face to face kommunizieren. Das bedeutet, eine Gruppe stellt eine Familie, den Freundeskreis, oder Verein, den Berufsverband usw. dar.

Was die soziale Gruppe verbindet, ist ein gemeinsames Ziel. Denken wir an die Feuerwehr, den Karnevalsverein, Selbsthilfegruppen, Umweltaktivisten, Tierschützer usw. – alle diese Gruppen vereint eine gemeinsame Aufgabe. Über dieses Ziel definieren sie sich und sie identifizieren sich auch damit. Diese Gruppen nennt die Wissenschaft „Wir-Gruppen" oder

„Wir-Identitäten“.

Nun hat eine solche Identifizierung mit der eigenen Gruppe Vor- und Nachteile. Einerseits kann ich mich geborgen fühlen, erhalte Unterstützung und Hilfe, wenn ich diese brauche (siehe Einleitung zum „Urverband“). Andererseits bin ich dieser Gemeinschaft auch verpflichtet. Wünsche ich den Schutz und die Unterstützung dieses sozialen Verbandes, muss ich mich ihren Normen und Ideologien unterwerfen. Dabei ist es unwichtig, ob diese Zielvorgaben, bzw. das angestrebte Ziel, positiv oder negativ ausgerichtet sind. Wichtig ist nur, dass alle an einem Strang ziehen.

Stimmen meine Vorstellungen, Einstellungen und Vorgaben mit den Statuten des Vereins überein, dann braucht es keine Überzeugungsarbeit, um der Gemeinschaft beizutreten. Zu nennen wären hier unterschiedliche Verbände, wie z. B. Berufsverbände, Sportvereine, Gewerkschaften, Religionsgemeinschaften, der Gesangsverein etc.

Während man in eine Familie hineingeboren wird, ist die Mitgliedschaft in einen Verein frei wählbar. Wahrscheinlich ist deshalb für viele Teenager der Eintritt in eine Peer-Group (der gleichzeitige Austritt aus dem Familienverband) von hohem Identitätswert. Die unvollendete Persönlichkeit steht mittendrin in der Wachstumsphase und am Anfang einer Vergleichs- und Stabilitätssuche.

Was wir allerdings kaum bemerken, bzw. vergessen haben, ist der enorme Einfluss des Familienverbandes, vor allem auf das eigene spätere Denken und Verhalten. Wir übernehmen unbewusst tradierte Verhaltensweisen und Überzeugungen, selbst verschiedene Gefühlsneigungen kopieren wir (Formen von Phobien, Hysterie, Aggressivität, Frustrationen).

Dieses Verhalten hat mit der Vorbildfunktion von Erwachsenen zu tun. Dabei ist wichtig, wie lange dieser Einfluss auf den Heranwachsenden einwirkt. Bestes Beispiel sind jene „Nazi-Abkömmlinge", die von den ideologischen Denkweisen nicht abrücken und meist von Großeltern, Eltern und ihrem Verband stark in ihrem Denken und Verhalten manipuliert werden. Verstärkt wird diese Ideologie zudem, wenn ökonomische und berufliche Missstände auftreten. Solche prekären sozialen Lagen werden dann oftmals auf andere übertragen, im Sinne von Verantwortungsverschiebung. Das heißt, für die eigene Situation werden stets andere verantwortlich gemacht.

Unterschiedliche Gruppen erhoffen sich, mithilfe von Selbstwerterhöhungstrategien, Einfluss und Macht. Um das eigene Selbst zu erhöhen, bedarf es des Vergleichs. Dies beginnt mit der Konkurrenz zu anderen Gruppen. Tajfel et al. nannte diesen Effekt soziale Identität. Ohne den Vergleich wären wir nicht, was wir sind. Die Frage gilt lediglich dem Aspekt: Womit wir uns vergleichen, oder welchen Prinzipien unser Vergleich unterliegt.

Unsere Vorlieben bestimmen unser Ideal. Das, was wir sein wollen – das, nach dem wir streben. Der Anschluss an eine Gruppe fällt dementsprechend leichter, wenn die Vorgaben, Normen oder Regeln unseren Wünschen entsprechen. Aber wie heißt es: „Es ist nicht alles Gold, was glänzt". Achtsam bleiben und genau hinsehen – ob die Regelungen einer Gruppe tatsächlich meinem Empfinden ähneln – das ist enorm wichtig. Ansonsten könnte man in ein Fahrwasser geraten, aus dem man alleine nicht mehr herauskommt. Ein allgegenwärtiges Beispiel hierzu sind die unterschiedlichen Sektenverbände, rechtsnationalistische Bewegungen; aber ebenso zu kohärente führungsabhängige Staatsgremien.

Bündnisse sind aktueller denn je. Einigen geht es dabei rein um den persönlichen finanziellen Profit. Hierbei werden konkrete Intentionen bedeutend: Seien sie politischer, sozialer, wirtschaftlicher oder ökologischer Art. Dazu gesellt sich der ständige Vergleich, wer wohl die bessere oder erfolgreichere Gruppe ist. Dies verführt zur Selbstüberschätzung und Risikobereitschaft. Weshalb es stets geboten wäre, vor einem Gruppeneintritt, Auskünfte zu der Interessengemeinschaft, oder der Person, einzuholen und zunächst Probewochen auszuhandeln. So kann man prüfen, inwieweit das eigene soziale Denken mit dem der gewählten Gruppe übereinstimmt.

Solche Vergleiche sind subjektiver und praktischer Natur. Sie beinhalten eine persönliche und gegenüberstellende Perspektive, nach welcher wir Entscheidungen treffen. Je sympathischer unser Gegenüber ist, desto eher vertrauen wir dieser Person und schenken ihr mehr Aufmerksamkeit. Das heißt, bei unbekannten Personen zählt der erste Eindruck. Nach diesem wählen wir unsere Einstellung und Bewertung.

Wie wir nun genau bewerten und welche Einstellung dominierend ist führt uns in den nächsten Bereich; nämlich in die Praxis und Theorie. Im Zuge dessen bringen Experimente Ergebnisse in Gang, die heute noch viele überraschen.

3. Theorie und Praxis

Die Forscher aus dem Fachbereich Sozialwissenschaften stellen sich kritischen Themen:

„Wie konnten die zurückliegenden Gräueltaten (siehe Nationalsozialismus) geschehen? Wie konnte es sein, dass Menschen stillschweigend Gewaltexzesse duldeten? Woran lag es, dass nur wenige den Widerstand probten, andere zu Mitläufern und Schreibtischtätern wurden? Wie war es möglich, dass Menschen blind einem kriminellen Regime folgten und wegsahen? Und warum gab es einige außergewöhnlich mutige Menschen, die ihr Leben gefährdeten und sogar opferten, um sich den kriminellen Machenschaften entgegenzustellen?"

Nicht jede Überlegung konnte die Wissenschaft ausreichend beantworten. Aber, es gelang einigen Forschern, mithilfe von Experimenten nachzuweisen, wie schnell Menschen dazu neigen, sich einer bestimmten Gruppe zugehörig zu fühlen und Autoritäten blind zu folgen. Berühmte Beispiele dafür sind Studien von Zimbardo, Milgram und Taijfel.

3.1 Die Experimente im Überblick

Die wissenschaftliche Neugier zu der Frage, weshalb und warum es zu Feindseligkeiten kommen kann, verdeutlichen zwei bekannte und verfilmte Analysen von Philip Zimbardo (1971) und Stanley Milgram (1961). Die Darstellung dieser Tests, bekannt als Milgram-Studie und Stanford-Experiment, möchte ich hier nur verkürzt wiedergeben, da sie bereits in zahlreichen Publikationen und Filmen ausführlich geschildert werden[15].

Komprimiert zusammengefasst bewies Milgram, dass unterwürfiges Verhalten, gegenüber Autoritäten, nach wie vor wirksam ist. Während Zimbardo nachwies, dass Menschen in einer bestimmten Situation jederzeit zu gewalttätigem und kriminellem Verhalten fähig sind (Zimbardo, 1995, S. 714; Bierhoff, 2002, S. 126).

Zu den Studien von Milgram. Hier wurden die Versuchspersonen über Befehl und Gehorsam von einer Autoritätsperson (in diesem Fall von einem Arzt) unter Druck gesetzt. Milgram setzte ein simples Wahr-Falsch-Spiel als Druckmittel ein. Die Testperson wurde vor ein Mikrofon gesetzt und hatte die Aufgabe, einer eingeweihten Versuchsperson, meist ein Schauspieler, Fragen zu stellen, welche dann dieser mit richtig oder falsch beantworten sollte. Bei jeder falschen Antwort erhielt der Schauspieler einen Stromschlag. Die ausführende Person hatte keinen Sichtkontakt zu dem Schauspieler. Dieser täuschte lauthals Schmerzensschreie vor. Von der einen falschen zur nächsten falschen Antwort erhöhten sich die Stromschläge – die Hilfeschreie des Leidenden wurden natürlich immer heftiger. Das Resultat war, dass über die Hälfte aller Versuchspersonen bereit waren, dem Schauspieler hohe Schmerzen zuzufügen – sogar vor einem tödlichen Schlag nicht zurückschreckten. Sie trauten sich nicht, dem Arzt zu widersprechen, geschweige denn, innezuhalten und das Experiment abzubrechen.

Das Stanford-Experiment von Zimbardo ähnelt der Milgram-Studie. Dieses Experiment findet allerdings in einer völlig anderen Räumlichkeit

---

15 Die ausführlichen Versuchsanordnungen und -durchführungen finden sich in Frey & Greif, S. 445; Krech & Crutchfield, Bd. 7, S. 96; Zimbardo, S. 714 oder Bierhoff, S. 126.

statt. Hier wird ein Gefängnis zu einem Verhaltensforschungslabor. Über Losnummern wurden Studenten in Gefängniswärter und Gefangene aufgeteilt. Die Wärter hatten die Aufgabe, nicht mit den Gefangenen zu kommunizieren. Sie sollten sie beobachten, beschäftigen und gleichzeitig Abstand halten. Diese diffuse Situation lief erstaunlich schnell aus dem Ruder. Es stellte sich heraus, dass die Wärter, in kürzester Zeit, zu erbarmungslosen und gefühllosen Gewalttätern wurden. Sie fingen an, die Gefangenen zu beschimpfen, zu demütigen und zu züchtigen. Standford musste aufgrund der immer weiter eskalierenden Situation das Experiment frühzeitig abbrechen[16].

Das Spiel von Gehorsam und Autorität scheint demnach den Menschen grundlegend zu verändern. Die Experimente veranschaulichen, wie der bürokratische und völkische Gehorsam in der Nazizeit möglich war. Es wäre jedoch ein Irrtum, zu glauben, nur die Deutschen wären zur sklavischen Hingabe fähig. Im Gegenteil, es konnte festgestellt werden, dass die breite Masse dazu neigt, Autoritäten, mehr oder weniger, blind zu folgen. Aus dem harmlosen Studenten von nebenan, wird, aufgrund einer bestimmten Rolle, abrupt ein tyrannischer Machtmensch.

Daraus lässt sich ableiten: Die Mehrheit verhält sich, in bestimmten Situationen, mit einem Mal irrational (widersprüchlich). (Aronson et al., 2008, S. 263 ff.; Bierhoff, 2002, S. 127 ff.).

Zur Erklärung dieses normativ-sozialen Einflusses aufgrund von Befehl

---

16 Die Standardstudie Milgrams erstaunte viele, da über 65 % der Versuchspersonen bereit waren, zuzulassen, dem Unbekannten nebenan tödliche Stromschläge zu erteilen. Über diese Experimente gibt es mehrere Filmausschnitte im Internet. Das Experiment von Stanford wurde verfilmt, 2001 in Deutschland von Oliver Hirschbiegel. In Abu-Ghraib wurde dieses Experiment traurige Realität (siehe SZ, Heft 35, 2005).

und Gehorsam, führen die Wissenschaftler an, dass bestimmte Situationen absoluten Gehorsam, gegenüber Autoritäten, unreflektiert erzwingen. Hexenverbrennungen, Züchtigung bei Kindern, die Folter, Geständnisse erpressen – alles Handlungen und Verhaltensweisen, welche zu ihrer Zeit als legitimes Mittel angesehen, über Jahrhunderte tradiert und als völlig normal anerkannt wurden.

Solche üble und rabiate Taten, welche im kollektiven Gedächtnis verankert bleiben, könnten der Grund für absoluten Gehorsam, Autoritätsglauben und willentliche Verantwortungsverschiebung sein. Jedenfalls belegen die Gehorsamkeitsexperimente, dass Menschen weltweit bereit sind, Verantwortung auf (vermeintliche) Experten abzutreten. Sie versuchen dadurch ihr Handeln zu legitimieren, und machen sich gleichzeitig zu Mitläufern.

Zimbardo prägte den Ausdruck „kognitiver Geizhals" (im Sinne von: sparsamer Denker), als Umstand des „Nicht-Nachdenken-Wollen"; bzw. einfach ungefragt Dinge zu akzeptieren, da es bequemer erscheint.

Diffuse Ängste verführen uns dazu, alles zu unternehmen, um nicht aufzufallen, oder etwas zu riskieren. Wir lassen uns von Autoritäten dermaßen beeindrucken, dass wir ohne Nachfrage alles annehmen, was, z.B. ein Arzt oder die Pharmazie, empfiehlt. Anstatt darüber nachzudenken, wie sinnvoll ein Eingriff oder bestimmte Medikamente wirklich sind. Hinzu kommt, daß Macht zu Überheblichkeit und Anmaßung verführt. Personen, welche sich eine Machtposition erarbeitet oder erkämpft haben, entkommen dieser Neigung (Verführung) kaum. Jeder sollte sich dessen bewußt sein, daß die Verführung zum Tyrannen groß wird, wenn die nötige Macht vorhanden ist. D.h. jeder ist in der Lage, seine Macht zu mißbrauchen - nicht nur ein Donald Trump.

Vereinzelt jedoch findet man auch Widerständler, welche der Verführung widerstehen. Sie sind es, die Dinge verändern können und Neues anfachen. Werden aktuelle despotische Ereignisse übersehen, kann es zu einem folgenschweren Machtwechseln kommen, den später viele bereuen.

Einst verdrängte die deutsche Majorität jene despotischen Zeichen, welche einen katastrophalen Machtwechsel mit sich brachten. Die dramatischen Geschehnisse hinter dicken Mauern wurden verharmlost und überhört. Jeder versuchte zu überleben, ja nicht aufzufallen. Mitläufertum und Konformitätsdruck stellten omnipräsente Entwürdigungen gar nicht infrage. Die Mehrheit fühlte sich hilflos und unfähig, die verwerflichen Handlungen der Tyrannen zu stoppen.

Möglich wird eine Machtübernahme, nur dann, wenn die gestreuten Vorurteile von der Bevölkerung angenommen werden. Dynamische soziale Prozesse erleichtern das manipulierte Vorurteil, ohne Nachfragen und -denken. Parolen wie: „Dem Führer folgen wir blind - Der Führer ist der Größte - Wir sind das Volk" usw.; erleichtern Blindheit und Bequemlichkeit. Der neue Führer kann dem Volk viel versprechen. Er kann die Menschenmenge im Glauben lassen, etwas besonderes zu sein. Wortführer einer Partei können sich quasi als die einzigen Retter für alle ausgeben. Das gelingt oftmals durch Schüren erfundener Probleme, während gleichzeitig fremdenfeindliche Vorurteile medienwirksam verbreitet werden. Die Massen verfallen in einen hypnotischen Zustand, der alle Vorsicht außen vor läßt.

Im 21. Jh. sind es abermals Nationalisten, die diese Strategie wiederholen – und sich dabei als Heilsbringer, oder Retter der Nation, hervorheben. Wieder einmal gelingt es ihnen, ihre Vorurteile zu streuen und die Menschen zu manipulieren. Der Trost: Nicht mehr alle Menschen sind gehorsame Lämmer.

Der Autoritätsglaube hat seinen Zauber verloren. Das liegt jedoch auch eher an der historischen Erkenntnis, dass redebegabte Despoten mit ihrer unüberhörbaren Rhetorik das Volk verführen und großen Schaden anrichten können. Es ist die werbende Sprache der Politik und Wirtschaft, die beispielhaft das Verhalten von Menschen verändern kann.

Die Sprache bleibt das wichtigste Instrument eines jeden sozialen Verbandes. Im sozialen Miteinander werden Informationen ausgetauscht und somit Regeln festgelegt. Trotz dieser grandiosen Fähigkeit zur Kommunikation, gelingt diese meist nur oberflächlich. Jeder wächst in seinem eigenen Sprachumfeld auf und versucht zu verstehen, was der „Sender" vom „Empfänger" möchte. Oft kann es Unterschiede zwischen beiden geben. Das sollte jedoch kein Hindernis sein, genauer nachzufragen. Was meinte bzw. wollte der Sender tatsächlich?

Sicherlich hat jeder schon einmal erlebt, dass er sein Gegenüber komplett falsch verstanden hatte. Erst genaues Hinterfragen führte schließlich zum richtigen Ergebnis. Das heißt, eine „unvollständige" Kommunikation führt zu Fehlinterpretationen. Missverstandenes ruft wiederum Fehlreaktionen hervor. Anstatt das mir Aufgetragene zu erledigen, mache ich das Gegenteil, weil ich den Auftraggeber falsch verstanden hatte.

Eine „Kommunikationsfalle" kann natürlich auch aufgrund einer erzwungenen Situation entstehen. Wird mir verboten, mit anderen Personen zu kommunizieren, entsteht ein „kommunikationsleerer Raum", in dem nun alles möglich werden kann. Im Stanford-Beispiel von Zimbardo wird diese diffuse Situation deutlich und ist in Abu-Ghraib schreckliche Realität geworden[17]. Dieses Szenario konnte nur zustande kommen, da eine „dominierende" Partei jede Art von Kommunikation ablehnte, sogar verbot.

Im Abu-Ghraib Gefängnis wurden und werden immer noch die Gefangenen zur „Persona non grata" - quasi zu Freiwild - erklärt. Das Gefängnispersonal kann mit den Insassen tun und lassen was es will. Es gibt niemanden, der sich für die Eingesperrten interessiert. Eher die lapidare Feststellung der Außenstehenden: „Sie haben nichts anderes verdient" oder „Das wird schon seine Richtigkeit haben". Somit ermöglichen und billigen gerade jene Voyeure (Außenstehenden) grauenhafte menschenunwürdige Szenarien.

Würde zwischen Täter und Opfer ein Gespräch stattfinden, käme es zu einem sozialen Austausch, der dazu führen könnte, das Gegenüber zu akzeptieren. Es käme zu der Erkenntnis, dass mir hier ein Mensch gegenüber steht oder sitzt, der ähnliche Ängste und Sorgen, Trauer oder Freude empfindet, wie ich.

Deshalb wird von Despoten Kommunikation zwischen sogenannten Staatsfeinden strengstens verboten. Es soll kein (harmonischer) Austausch stattfinden. Zudem suggeriert das Schweigegelübde den Tätern doppelte Sicherheit. Die Ausgestoßenen bleiben Freiwild und nichts dringt nach außen. Von oben legitimierte Gewalt- und Machtfantasien

---

[17] In Abu-Ghraib wurden die Gefangenen hinter dicken Mauern, versteckt und verborgen, vom Wachpersonal beispiellos gequält und gefoltert.

ermuntern zu unvorstellbaren Grausamkeiten.

Die erwähnten Experimente verdeutlichen, dass viele Mensch fähig sind, in bestimmten Situationen anders als üblich zu reagieren. Die Unterscheidung zwischen dem „guten" und dem „schlechten" Menschen erzeugt psychische Distanz, und kann zu Situationen, wie in Abu-Ghraib, führen. Gleiches gilt für die Kriminalisierung von Asylbewerber, oder für das Volk der Sinti und Roma.

Entsteht eine negative soziale Situation, wie beim Gefangenendilemma, beginnt „einer" mit der „Hetzjagd" und andere folgen ihm. Die Reaktionen auf solche „Untaten" sind unterschiedlich. Einerseits wird dem Rädelsführer die Schuld zugewiesen (und nicht der Gruppe); andererseits versuchen die Täter mit wüsten Parolen ihre Tat zu rechtfertigen – also schaffen den „besseren" Menschen, gegenüber dem „schlechteren", der vor Ort nichts zu suchen hat (eine psychische Distanz, welche absichtlich geschaffen wird).

Werden, wie bereits geschehen, Wohnanlagen für Zufluchtsuchende angezündet, wird das meist damit begründet, dass sie die Nation entfremden und hier nicht erwünscht sind – es wird schlichtweg versucht, die Masse für sich zu mobilisieren, um dadurch die Tat zu legitimieren. Wenn dann Menschen das Schreckliche auch noch geschehen lassen, was einer Zustimmung gleicht; dann ist der gewalttätige Mob nicht mehr aufzuhalten. Die Parolenschwinger und rhetorischen Verführer bleiben meist im Hintergrund. Sie rekrutieren sogenannte Freiwillige, die in ihren Namen in Aktion treten.

Ob nun aktiv oder passiv, letztendlich agieren alle und alle tragen eine

Mitschuld. Alle, die Gewalt anzetteln und diejenigen, die diese ausführen; ebenso jene, die nur zuschauen. Jeder ist für diese eine Tat mitverantwortlich.

3.1.2 Skizzierung und Beobachtung

Deutlich gemacht werden sollte, dass Macht, Gehorsam und Konformität, Vorläufer für stereotype (klischeehafte) Handlungen, soziale Vorurteile, Diskriminierungen und Gewalt, jeder Art sein können. Meist unterstützt durch gehorsame Mitläufer. Die beschriebenen Experimente zeigten, wie Gehorsam und Autorität, den Menschen in seinem Handeln grundlegend verändern können. Da Vorurteile unsere Entwicklung stark beeinflussen, sind die Experimente im Hinblick auf die Pädagogik bedeutsam (Frey & Greif, 1997, S. 431).

Pädagogisch betrachtet, zeigt sich auf der Suche nach den „wahren" Ursachen von Vorurteilen, dass entwicklungsbedingte Einstellungen und Wahrnehmungen der Motor für Bewertungen sind. Bereits bei Kindern ist zu beobachten, dass sie gerne (meistens dann, wenn sie befürchten, bestraft zu werden) eigene Missetaten den Geschwistern, Nachbarskindern bzw. Spielkameraden, zuschieben und erst lernen müssen, Verantwortung zu übernehmen.

Wird verantwortungsloses Verhalten banalisiert, ignoriert oder sogar befürwortet, stellt das eine positive Verstärkung dar, welche natürlich wiederholt wird, da keine Konsequenzen zu erwarten sind. Zahlreiche Beispiele belegen diese Tatsache. Am deutlichsten wird verantwortungsloses Verhalten in großen Organisationsstrukturen sichtbar, in denen hoher Konformationsdruck und Kumpanei das Alltagsleben beherrschen.

Der Wunsch nach Anerkennung und Zuwendung führt dazu, dass das jeweils befürwortete Verhalten verinnerlicht (internalisiert) wird. Daraus entstehen „eingebrannte Ideen/Bilder/Kategorien", die über Vorbilder, im wahrsten Sinne des Wortes, in die Köpfe „gebrannt" wurden. Deshalb ist es schwer, diese „Vorurteils-Tattoos" wieder loszuwerden.

Wie richtige Tätowierungen bleiben Vorurteile unterschwellig bestehen und beeinflussen (fast unsichtbar) unser Handeln. Deshalb ist es nicht verwunderlich, wenn manche Menschen glauben, dass sie keine Vorurteile hätten. Fakt ist, sie bemerken ihre Vorurteile gar nicht, bzw. reflektieren ihr Denken und Handeln nicht richtig. Sich seiner eigenen Kindheit gewahr werden, und sich der negativen Einflüsse bewusst werden, ist ein schwieriger Prozess. Da es um einsichtiges Denken geht und selbst unangenehme Erlebnisse miteinbezogen werden müssen. Wer mag das schon.

Es ist und bleibt angenehmer, als Mitläufer sein Dasein zu fristen. Es sind weder reflektiertes Nachdenken, noch großartige Überlegungen, was nun gut oder schlecht sei, notwendig. Der Konformist muss sich keine Gedanken um sein Handeln machen, und kann seine Verantwortung, wie auch die persönliche Schuld, ignorieren (s. Milgram-Studie). Jeder, der ein verantwortungsvoller, mündiger und bedachter Weltbürger werden will, sollte, so Hannah Arendt, mit seinem Gewissen kommunizieren und die Reflexion nicht ausschalten. Jene, die nicht nachsinnen, verlieren den Bezug zu menschlichem Handeln, da dann das Gewissen, als Spiegelung zwischen Verstand und Handeln, keinen Bestand mehr hat.

Sogenannte Schreibtischtäter gab und gibt es nach wie vor. Es sind jene Würdenträger, die Macht ausüben, indem sie mit „übermenschlichem" Ordnungswahn Vorschriften befolgen. Hier dient der Wahn dem Zwang zum Perfektionismus und zur Kompensation des schlechten Gewissens. Es gibt Verwirrte, die ihr Gewissen nicht bemühen und darüber nachdenken, dass ihre Entscheidungen Menschen betreffen und nicht Dinge – die man einfach entsorgen kann. Es waren Vorschriften, nach denen man gehandelt hat (genauso argumentierte Eichmann)[18].

So gesehen ist es leichter, Verantwortung weiterzuleiten (z. B. an Vorgesetzte), gewissenlose Handlungen zu legitimieren und zu akzeptieren.

Vergessen werden dürfen jedoch nicht jene Wagemutigen, die sich gegen Gewalt und absoluten Gehorsam stellen. Der Mutige wird nicht zu einem Schreibtischtäter und befolgt nicht jeden Befehl seines Vorgesetzten, sondern er prüft sein Handeln und Tun. Der gewissenhafte Mensch unterwirft sich nicht vollends, ist nicht autoritätsgläubig, und gehorcht nicht bedingungslos. Es sind jene, die keine „kognitiven Geizhälse" sind. Sie sind fähig, Überlegungen anzustellen und Informationen einzuholen. Sie setzen Herz und Verstand ein, um unsere Welt ein wenig menschlicher zu machen. Diese couragierten Zivilisten sind bereit, Grenzen zu überschreiten.

Warum sich einige für den Widerstand, den toleranten und gerechten

---

18 Der berühmte Eichmannprozess erinnert daran, wie jener „Schreibtischtäter" in voller Überzeugung und Glauben daran, nichts Falsches getan zu haben, die Verantwortung an das Regime weiterleitete und sich selbst als einen harmlosen und gehorsamen Braven darstellte, der nur Befehle ausübte. Hanna Arendt versuchte, als emigrierte Jüdin, diesen Prozess mit ihren Werken „Eichmann in Jerusalem" und „Über das Böse" (Arendt, 2007 & 2009) zu verstehen und zu verarbeiten. In ihrem Buch „Über das Böse" stellte Hanna Arendt das Gespräch mit sich selbst in den Vordergrund, welches das Gewissen lenkt.

Weg entscheiden, und die meisten den vermeintlich einfacheren wählen, ist wissenschaftlich noch nicht eindeutig geklärt (Aronson et al., 2008, S. 262; Arendt, 2007, S. 47 ff.; Zimbardo, 1995, S. 713 ff.).

Die sozialpsychologische Frage ist nun, wie Menschen und Gruppen sich real verhalten, und wie sich menschliches Zusammenleben gestalten lässt. Ökonomische Benachteiligung, Perspektivlosigkeit, eine negative Anerkennungskultur, der Kampf um ökonomische und soziale Vorteile, produzieren in der Gesellschaft Gewinner und Verlierer – ein Prozess, der einhergeht mit Prestige, Macht, Status und Einfluss.

Die Vorurteilsforschung erklärt dieses Phänomen damit, dass Gruppen, Nationen oder Personen, ihren eigenen Wert steigern wollen, indem sie eine außenstehende Gruppe diskriminieren, als minderwertig ansehen und im Gegenzug die Binnengruppe (eigene Gruppe), als die bessere (als die besondere) betrachten. Das gilt ebenso umgekehrt.

Die Mitglieder sind selbstbestimmt, können sich einiges leisten und haben das sogenannte „Wirgefühl". Im „sozialen Vergleich" zu anderen ist ihr Wertgefühl stabil und sicher.

Diese Phänomene, der Ingroup-Favorisierung und der Outgroup-Diskriminierung, begegnen uns tagtäglich (Bierhoff, 2002, S. 108; Gollwitzer & Schmitt, 2006, S. 233; Frey & Greif, 1997, S. 366).

3.2 Das Ingroup-Outgroup-Exempel

Jane Elliott, eine Lehrerin aus Iowa, führte mit ihrer 3. Klasse einen Versuch zur Rassendiskriminierung durch. Der kindliche Wunsch, nach Anerkennung und Gruppenzugehörigkeit, erleichtert die Manipulation von

Kindern und Jugendlichen. In ihrer Schulklasse zeigte Elliott auf, wie Vorurteile, insbesondere bei Kindern, manipulativ eingesetzt werden; und Erwachsene damit den Selbstwert des Kindes erhöhen, oder erniedrigen, können. Das Schulexperiment von Jane Elliott (1968, in Riceville) ist ein nicht allzu bekannter, aber sehr wichtiger Beitrag zu einem pädagogischen Thema - nämlich: „Das Erlernen von Vorurteilen über personale Bevorzugung und über positive wie auch negative Manipulation".

Die voreingenommene Haltung gegenüber fremden Einwanderern, in ihrer Schule und ihrer Umgebung (Riceville, Iowa), wollte Elliott sichtbar und spürbar machen[19]. Ihr „Lohn" dafür war Selektion und üble Beschimpfung, auch gegenüber all jenen, die sie unterstützten (z. B. die Eltern und ein äußerst reduzierter Kreis von Freunden). Sie opponierte gegen unreflektierte Vorurteile, woraufhin sie von der Majorität diskriminiert und ausgestoßen wurde. Die Mehrheit wurde zu Mitläufern, gegen eine mutige Einzelkämpferin, welche den Gemeindemitgliedern nur klar machen wollte, dass ein Umdenken zu mehr Toleranz, Frieden und Freiheit, führt. Die meisten verhielten sich jedoch so, wie bereits die Experimente von Zimbardo und Milgram bewiesen haben.

Elliott[20] zeigte mit ihrem Versuch auf, wie soziale Vorurteile hochgeschaukelt werden können und Kinder sich despotischem Verhalten unterwerfen. Es entwickelt sich eine Gruppendynamik, die einige bevorzugte und andere außen vor ließ. Benannt als In- bzw. Outgroup-Phänomen, verstärkt sich dieses Gruppenverhalten umso mehr, wenn Erwach-

---

19 Das war 1968 – wir schreiben das Jahr 2020 und leider erheben sich wieder jene vorurteilsvollen Stimmen gegen Fremde.

20 Berichte zitiert aus R.S. de Nagell, 2024.

sene versuchen, Kinder für ihre Zwecke zu manipulieren. Wie schnell sich das Bild, dass man von sich selbst und anderen hat, verändern kann, sollten Elliotts' und Jones' pädagogische Experimente verdeutlichen. Ihr Ziel war es, den Kindern klar zu machen, wie Ingroup-Favorisierung und Outgroup-Diskriminierung, aufgrund von sozial gestreuten Vorurteilen, entstehen können.

Elliotts Startschuss begann mit der Aufteilung ihrer Klasse, in „Blauäugige" und „Braunäugige". Sie bestimmte, dass die Gruppe der Blauäugigen sich von der Gruppe der Braunäugigen durch mehr Intelligenz, Privilegien und Vertrauenswürdigkeit abheben sollte. Zudem hatten die Braunäugigen, zur besseren Erkennung, ein Halstuch zu tragen (eine direkte Diskriminierung und öffentliches Stigmata). Damit schuf Elliott einen Wettbewerb um positive soziale Identität und Abgrenzung (jeder wetteiferte um mehr Begünstigung und Zuneigung). Diese „Unterscheidbarkeit" führte schließlich zu Konflikten zwischen den blauäugigen und den braunäugigen Kindern.

Die benachteiligten „Braun-Augen" erfuhren, innerhalb kurzer Zeit, Diskriminierung und Ausgrenzung, bis hin zu Gewalt. Der Selbstwert dieser Gruppe sank merklich, was sich auch auf ihre Leistungen niederschlug (sprich schlechtere Noten). Obwohl verschiedene „gruppenübergreifende" Freundschaften vorher möglich waren, begann eine klare Abgrenzung von der jeweils anderen Gruppe.

Wenn Lehrer Migrantenkinder aufgrund latenter Vorurteile aus dem Klassenverband ausschließen, schaffen sie diese beschriebene Distinktion, verletzen den Selbstwert der „Braunaugen" und schwächen deren Leistungen. Unverzeihlich ist dieses Verhalten gegenüber vielen Asylanten und anderen Minderheiten, wenn bewusst und absichtlich diskriminiert und selektiert wird [21].

Mancherorts gibt es immer noch jene versteckten und offenen Diskriminierungen von Lehrpersonal gegenüber Schülern. Man soll nicht glauben, dass es in der gegenwärtigen Zeit besser geworden ist. Mehrmals wurde ich Zeuge offener Diskriminierung gegenüber Schülern. In einem Fall war erfreulicherweise auch die Schuldirektion gegen Intoleranz und psychische Verletzungen; sodass meine Beschwerden gehört wurden und zumindest in diesem Beispiel, Konsequenzen folgten. Oftmals scheiterte ich auch, an der Engstirnigkeit und Uneinsichtigkeit der Direktion und des Lehrpersonals. Traurigerweise ist es nicht selten, dass genau jene Engstirnigen zum Direktor aufsteigen, und ihr tyrannisches diskriminierendes Verhalten fortsetzen können. Die Leidtragenden sind auch im 21. Jh., nach wie vor, Flüchtlinge, Asylbewerber oder Sinti- und Roma-Familien.

Ein harmonisches Miteinander gelingt nur dann, wenn die Leitung dieses auch wünscht. Es hängt einiges vom Führungsstil der Chefetage ab. Die Rolle des Chefs wird vom Personal stets genau begutachtet. Ist der Führungsstab intolerant und lässt Denunziantentum zu, wird dieses Verhalten bis zum untersten Gruppenmitglied spürbar sein.

So geschehen in Elliotts' „Klassentest". Wie im alltäglichen Leben radikalisierten sich die Bevorzugten und legten ein immer stärker werdendes intolerantes und bevormundendes Verhalten an den Tag (Aronson et al., 2008, S. 429 ff.).

---

21 Bestes Beispiel dazu: das verletzende Verhalten von Bildungspersonen und -organen während und nach der Nazidiktatur; aber ebenso die immer noch anhaltende Stigmatisierung von Sinti- und Romakindern.

Nach dem ersten Testdurchlauf veränderte Elliott die Situation und ließ die Blauäugigen zu Braunäugigen werden. Nachdem Letztere bereits Diskriminierungen erdulden mussten, folgte jetzt ihre „Rache" gegenüber den vorher Blauäugigen. Es begann das gleiche Spiel von vorn.

Am Ende der Experimente erklärte Elliot den Schülern den Grund ihres Versuchs, diskutierte mit ihnen über Rassismus, Vorurteile und Gewalt, zeigte auf, dass man als Einzelner die Möglichkeit hat, sich diesem despotischen Verhalten zu entziehen. Elliott erreichte eine kognitive Präsenz der Ereignisse, über die Schulzeit hinaus, und bewies damit, dass negative Positionen durchaus abgeschafft und revidiert werden können. Viele dieser Kinder werden ihr Leben lang an diese Diskriminierungen denken, und versuchen, nicht akzeptablen Leitbildern, Paroli zu bieten. Sie haben gelernt, zu reflektieren und überlegt zu handeln. Sie werden jene sein, die diese neue Erkenntnis weitertragen – auch über die nächsten Generationen hinaus (Aronson et al., 2008, S. 429 ff.).

Einen vergleichbaren Test zum Thema Isolierung und Autorität führte 1967 der kalifornische Lehrer Ron Jones durch, der seine Erfahrung 1972 in einer Kurzgeschichte („The Third Wave") veröffentlichte. 2008 entstand dazu der deutsche Film „Die Welle"[22]. Genauso wie bei Elliott bekräftigte sein Experiment, wie schnell aus einem demokratischen, freundlichen Klassenklima ein totalitärer, diskriminierender, rassistischer Raum werden kann. Auch dieses Experiment beendete Jones mit einer ausführlichen reflektierenden Diskussion.

Beide Experimente verweisen auf den Lehrer als Akteur, der beeinflus-

---

22 Quelle: http://de.wikipedia.org/wiki/Die_Welle_(2008)

send auf die Kinder und Jugendlichen wirkt, bzw. diese bewusst manipulieren kann. Suggestiver Einfluss ist deshalb möglich, weil Kinder aufgrund ihrer positiven Vorurteile ein uneingeschränktes Vertrauen zu Erwachsenen aufbauen; welches dazu führt, bedenkenlos jeder Anweisung Folge zu leisten. Elliott und Jones konnten aufzeigen, welch enormen Einfluss soziale Einstellungen haben, und wie Menschen, vor allem Kinder, gesteuert werden können.

Für Elliott war das Experiment noch nicht zu Ende. Sie bekam es mit der Elternschaft zu tun, die ihrerseits um ihre Autorität gegenüber dem Nachwuchs bangten. Unmittelbar nach ihren Tests wurden Elliott's Eltern heftig angegriffen und diskriminiert. Sie sahen sich Spott und verbalen Angriffen ausgesetzt, nur weil ihre Tochter verdeutlichen wollte, was soziale Vorurteile bedeuten und aus uns Menschen machen. Zimbardos „kognitiver Geizhals" bestätigt sich immer wieder, und zeigt auf, daß gewissenhaftes Denken keine Selbstverständlichkeit darstellt.

Jane Elliott ließ sich nicht einschüchtern und nutze ihre Experimente, als Verhaltenstrainings, gegen ethnische Diskriminierung bei Erwachsenen. Allerdings stellte sie die „Blauäugigen" den „Braunäugigen" (den Migranten, Asylbewerbern, Schwarzen etc.) als generell schlechter, minderwertiger und dümmer gegenüber. Blauäugige Menschen sollten erfahren, wie es den Braunäugigen in der ökonomischen Wirklichkeit ergeht. Sie werden immer zuerst mißtrauisch begutachtet. Diskriminierende Vorurteile auf dieser Welt, verweisen oft auf Arier-Ideologien, welche sich erstaunlich tief in die Köpfe verblendeter Nationalisten brannten.

Der Film „Blue Eye" (Blauäugig), vom Münchner Regisseur Bertram Verhaag (1995) gedreht, soll gegensteuern und demonstriert Elliotts Engagement, auch Erwachsenen aufzuzeigen, wie sehr Rassismus, Vorurteile und Ignoranz, Leistung vermindern und Mobbing fördern (Aronson et al., 2008, S. 429 ff.)[23].

Damit ist der lern- und entwicklungstheoretische Aspekt, über „beeinflussende negative" Vorurteile und stereotypes diskriminierendes Verhalten, deutlich gemacht und erwiesen, wie es zu Gewalt an Schulen kommen kann, wenn Kinder sich selbst überlassen werden oder keine positive Unterstützung erwarten können.

Es erfordert den Mut und die Aufmerksamkeit der Lehrer, sich in (Gruppen-)Konflikte (wie Mobbing, Internetdiskriminierung etc.) einzumischen, um deutlich zu machen, dass alle wertvolle Individuen sind, und es nur darauf ankommt, eigene Vorurteile zu überprüfen und zu überdenken. Damit das gelingen kann, muss in erster Linie ein vertrauensvoller Umgang der Lehrer mit den Schülern bestehen. Ebenso beeinflussen Akzeptanz, Empathiefähigkeit und Kongruenz (also Übereinstimmung mit sich selbst) die Harmonie zwischen Schüler und Lehrer.

Dabei sind nicht nur die eigenen Fähigkeiten gefragt, sondern auch Hilfestellung zur unverfälschten Aufklärung. Die Vermittlung der Wahrheit, über die großen und kleinen Unterschiede, die Manipulierbarkeit bzw. Verführbarkeit jedes Einzelne, hilft bereits, die Schüler auf bestimmte Themen sensibel zu stimmen. D.h. mutig Diskussionen anfachen, welche die Möglichkeiten aufzeigen, sich gegen diskriminierendes Verhalten zu wehren. Oder Projektwochen mit dem Ziel, Vorurteile offenzulegen, unterstützt mit dazugehörigem kulturübergreifenden Lehrmaterial. Als auch

---

23 Quelle: http://www.eyetoeye.org/de/film/index.shtml

offene und freie Diskussion über das Fremde und Vertraute im Mitschü-
ler.

Auch sollte sich jeder Lehrer seiner eigenen Vorurteile bewusst werden.
Es hilft enorm, wenn man über eigene frühe Beeinflussungen reflektiert.
Wer den Mut dazu hat, kann sogar mit Kindern darüber diskutieren und
wird feststellen, dass diese oft toleranter damit umgehen, als man selbst
(Aronson et al., 2008, S. 429 ff.).

Hungersnöte und Kriege erzwingen auch im 21. Jh. eine unaufhaltsame
Völkerwanderung in kriegsfreie Regionen. Kein Wunder, daß fast in allen europäischen Schulen, sich Kinder mehrerer Ethnien befinden. Ihre
Ängste und Sorgen, in der „Fremde", müßte und sollte bereits im Grundschulalter thematisiert und diskutiert werden. So könnte gewalttätigen
Konflikten und generalisierten Vorurteilen, bereits vorab, der Raum genommen werden.

Allerdings stellt sich ebenso die Frage, inwieweit politische Gruppierungen dazu beitragen, unterschiedliche ethnische Gruppen zu entzweien,
durch diskriminierende Berichterstattung zu verunglimpfen und dadurch
Intoleranz zu fördern. Populärstes Beispiel für Allmachtsstreben und
-fantasien ist der ehemalige Amtsträger Donald Trump. Leider ist er
nicht nur eine gelungene Bestätigung für Sozialtheorien, sondern fata-
lerweise auch Realität geworden. Er hat es geschafft das eigene Volk zu
spalten, Missgunst zu streuen und medienwirksam rassistische Verleumdung zu verbreiten.

Die Studie von Elliot und Jones zeigten, dass eine einfache Übung dazu
führen kann, zumindest den „kognitiven Geizhals" abzulegen, und über

eigene Vorurteile und Stereotypen nachzudenken. Dafür war, wie beide Pädagogen bewiesen, kein großer finanzieller Aufwand nötig. Die Bildung zum selbstständigen, mündigen und freien Menschen, könnte eine Antwort auf unser kränkelndes und krankmachendes Schulsystem sein. Die Verantwortung der Pädagogen, gegenüber den Schülern, führte zwar zu zahlreichen Erziehungsstilen, aber leider nicht zu einer gleichberechtigten Bildung für alle. Es ist ein Unterschied, ob Bildung nur ökonomischen Zwecken unterworfen ist, oder ob Bildung zu einem „gerechten und mündigen Menschen" angestrebt wird. Gesucht wird der aufgeklärte Mensch, der sich seiner Vorurteile bewusst ist und, im Sinne Elliotts & Co., den Mut hat gegenzusteuern (Menck, 1999, S. 10 ff.).

Die Experimente von Zimbardo, Milgram, Elliot, Jones und Tajfel zeigen, dass bestimmte „Vorlieben", welche über Familie, Freunde und Institutionen geprägt (sozialisiert) werden, den Weg für diskriminierende Vorurteile und Ausgrenzung bereiten. In erster Linie sind familiäre Prägungen der Ausgangspunkt für internalisierte Verhaltensweisen. Wenn es dann um negative Vorurteile geht, die über diese sozialen Gruppen gefestigt oder verworfen werden, entstehen Brandmale, welche ein Umdenken wesentlich erschweren; zum Teil unmöglich machen.

Bereits führen Ressourcenkonflikte zu Problemen, doch die Auswirkungen von Identitätskonflikten sind nicht weniger bedeutsam. Wenn Menschen sich in ihrer Identität bedroht fühlen, weil sie die Zuneigung anderer (ob nun von einer Außen- oder Binnengruppe) vermissen, provozieren sie oft den Konflikt, zur Wahrung der eigenen Identität.

Dieses Verhalten ähnelt nicht nur der Strategie der Nationalsozialisten; ebenso die rücksichtslose narzisstische Geisteshaltung eines Donald

Trumps, Wladimir Putin, Viktor Orbán oder Kim Jong Un, mit ihren verblendeten und verängstigten Gefolgsleuten, sähen konfliktgeladene Verfeindungen. Sie stärkten peu à peu die Solidarität zwischen den „In-Groups", indem sie ihnen suggerierten: „Die anderen sind eure Feinde".

Wie wir schon wissen, bestimmt die Kommunikation eminent das Handeln. Damit bleibt es charakteristisch für Despoten Sprache (Informationen) bewusst zu lenken. Einzig und allein sie bestimmen welche Aussagen bzw. Informationen relevant sind.

Es ist nicht verwunderlich, dass selbstverliebte Staatenlenker keinen Widerspruch und keine Diskussion duldeten. Durch gezielte Manipulation der Medien und gesteuerte Falschinformationen, gelingt es, den geeigneten Sündenbock vorzustellen. Sogenannte Staatsfeinde werden dann medienwirksam als „zu fürchtende Kommunisten" oder „schmarotzende Einwanderer" dargestellt. Sie sind die auswärtigen Staatsfeinde. Somit kann der erste Schritt einer ideologischen Absicht durchgesetzt werden. Der äußere Feind wird in Schach gehalten und Kritik wird ausgeschaltet.

Die stetige Wiederholung jener politisch taktischen Aktionen verweisen uns auf die Vergangenheit. Nachdem nun Einigkeit und Gleichschritt im eigenen Land durchgesetzt wurde, war z.B. Hitlers zweiter Schritt die Verdammung der Juden und „sichtbaren Anderen". Sie waren nun die ausgemachten Feinde im eigenen Land. Zeitgleich wurden die Gruppenzugehörigkeit und die kognitive Einheit - das kollektive „Wirgefühl" - beschworen.

Die Gleichheit aller Deutschen beinhaltete den Anspruch, eine außergewöhnliche Herrenklasse zu sein, deren Angehörige zu einer besonderen und besseren Rasse geadelt wurden (z.B. die weiße Rasse ist die Elite). Eine totalitäre Ideologie, welche Völkermord legitimiert.

Wissenschaftlich formuliert war es Hitlers Intention, die Binnensolidarität (Ingroup-Favorisierung) zu aktivierten, indem er eine positive soziale Identität schuf (ein starkes „Wirgefühl"); was jedoch nur gelingen konnte, indem er gleichzeitig negative Vorurteile, zur Herabsetzung anderer Gruppen (Outgroup-Diskriminierung), verbreitete. Ihm war klar, dass gerade Kinder und Jugendliche bestens dafür geeignet waren, unüberlegt und naiv seinen Ideologien zu folgen.

Es begann die Gleichschaltung aller, verbunden mit dem Prozess öffentlicher Diskriminierung und „automatisierter" Gewalt - gegenüber dem inneren und dem äußeren Feind. Es sind vor allem die Jugendlichen, die solche Praktiken kaum durchschauen, weshalb sie bevorzugt von Diktatoren für ihre Zwecke instrumentalisiert werden (Frey & Greif, 1997; Six, 2000).

Der Wissenschaft ist es gelungen das Unfassbare, dieses Phänomen des Massenwahnsinns, zu artikulieren und nachvollziehbar zu machen. Die Forschungen konnten vorweisen, wie einfach Manipulation gelingt und Menschen in die Falle gelockt werden können.

Kriegerische Auseinandersetzungen beginnen nicht plötzlich, sie werden von „oben" oder von „unten" gesteuert. Es sind Verbände unterschiedlichster Art, die alle eines gemeinsam haben: Sie vertreten eine ganz bestimmte soziale oder politische Gesinnung. Das Phänomen der Gruppensolidarität verstärkt die Aktivitäten einer egozentrischen Anschauung, bzw. eines bestimmten Vorhabens. Dieses wird selten ausführlich und aussagekräftig erörtert. Geschweige öffentlich.

Solche tyrannischen Führungsstile verseuchen die zwischenmenschlichen Interaktionen. Geschichtliche Vorlage dafür ist nicht nur die Nazizeit, sondern ebenso die DDR und in der Gegenwart auch Amerika. Angst und Unterdrückung, förderte Denunziantentum und Konformismus. Mitläufer und Verleumder verkaufen sich an einen korrupten Staat. Die Einsicht der DDR-Unterlagen zeugen von einem beachtlich hohen Anteil an bereitwillig Angepassten und MfS-Informanten.

Der Denunziant benötigt offenbar, ebenso wie der Bürokrat, eine hohe soziale Aufmerksamkeit. Erlangt er diese nicht, beginnt ein Prozess der absoluten Anpassung an Ranghöhere, und die Auflösung der eigenen Identität. Somit werden Gewalttaten zu gerechten Staatsaufgaben und Denunziantentum wird selbstverständlich. Denken und Gewissen haben keinen Bestand mehr. Massenmorde können nur gelingen, wenn Menschen aufhören über ihr Handeln nachzudenken und sie selbst zu sein.

Wie es zu gegenseitigen Hass und Verachtung kommen kann, zeigten die geschilderten Experimente. Im nächsten Kapitel geht es um das globale Phänomen der Abwertung anderer Personen oder Gruppen. Abwertende Vorurteile, verbunden mit verlockenden Taktiken, entstehen weltumspannend und werden stetig fortgesetzt (perpetuiert).

In diesem Zusammenhang folgen nun weitere Ideen und theoretische Modelle zum Thema Konsens und Autarkie.

3.3 Groupthink und Selbstkontrolle

Der soziale Vergleich, die Sehnsucht nach positiver Identität, findet alltäglich und überall statt. Es ist auch nichts daran auszusetzen, solange es nicht darum geht die eigene Person, oder Gruppen, mit aller Intensität zu erhöhen.

Ein Beispiel aus der Tierwelt zeigt: Es gibt jene Mitmensch, die soviel Wert auf reinrassige Tiere legen, sodass man den Eindruck gewinnen kann, sie sehen das Tier nicht als selbstständiges freies Wesen an, sondern analog als einen blütenreinen äußerst wertvollen Diamanten. Somit versucht der Halter, sich selbst bedeutend zu machen, indem er seinen Fokus auf „rein" und „teuer" legt.

Besagte Haltung endet leider nicht beim Tier. Der Rassenwahn weitet sich auf Individuen aus, die dem tradierten Vergleich nicht entsprechen, sprich aus dem Rahmen fallen, und deshalb nicht mehr als Menschen betrachtet werden. Dieses In- oder Outgroup Phänomen vollzieht sich auf allen wirtschaftlichen und politischen Ebenen. Es ist ein alltäglicher Prozess, dem fast kein Zeitgenosse entkommt. Forschung und Experimente belegen diese seltsamen Neigung des menschlichen Geschlechts.

Als Erstes gilt: Jeder Mensch hat Sehnsucht nach positiver Identität, nach einem optimalen Selbstbild, und jeder ordnet seine Umgebung nach seinen Bedürfnissen und Möglichkeiten.

Die Suche nach dem optimalen „Bild von sich selbst und anderen", beginnt mit der Entscheidung, wer zusammengehört (Ingroup) und wer nicht (Outgroup). Durch ständige Vergleiche mit anderen Personen oder Gruppen, wie auch zwischen der eigenen Persönlichkeit und der von Gruppenmitgliedern, beginnt der Prozess der Abgrenzung von anderen, um zu einem stabilen positiven (sozialen) Selbst zu gelangen. Tajfel et al. beschrieb die Entstehung von Selbstkonzepten, und der daraus resultierenden Selbstwertvorstellungen, als Ergebnis sozialer Interaktion innerhalb sozialer Gruppen (Schultz-Gambard, 1987, S. 228; Zimbardo, 1995, S. 728 ff.; Mummendey, 2006, S. 197 f.).

In jeder Hinsicht beeinflussen sich Menschen gegenseitig. Die Gruppe entscheidet, wer „in" oder „out" ist. Dazu meint Tajfel (1978), dass hierbei der Selbstwert einer Gruppe, bzw. Person, im Vordergrund steht. Seine „Theorie der sozialen Identität" geht davon aus: „…,dass das Selbstkonzept (Selbstbild) nicht nur über solche Merkmale bestimmt ist, die das Individuum als einzigartig definieren und von anderen Individuen unterscheiden (personale Identität), sondern auch über Gruppenmitgliedschaften, also sozial geteilte Merkmale (soziale Identität)" (zit. nach Mummendey, 2006, S. 197).

Als außergewöhnlich und als etwas Besonderes zu gelten, heißt, ein Gleichgewicht in diesem Spannungsverhältnis zu schaffen. Je besser das Bedürfnis, sowohl nach Gruppenzugehörigkeit als auch nach Differenzierung, befriedigt wird, desto annehmbarer und gleichgewichtiger empfindet das Individuum seine soziale Identität.

Durch den Eintritt in eine soziale Gruppe, wird auch das Konzept der eigenen „Wertigkeit" mitbestimmt. Es wäre interessant zu erfahren, wie Einheimische und Neuankömmlinge sich gegenseitig beurteilen würden. Zumal für viele Migranten es aussehen muss, als wäre Deutschland immer noch ein „Nazi-Land". Vor dem Hintergrund der vielen Attacken in den letzten Jahren; nicht nur gegen Eingereiste, sondern auch jüdische Gemeinden; dürfte bei den „neuen Mitbürgern" eine negative Wahrnehmung erfolgen.

Wer ist in den Augen der jeweiligen Gruppe der Bessere, bzw. Out oder In? Dazu müssten aber diverse wissenschaftliche Forschungen und Untersuchungen erfolgen, was sich schwierig erweist. Problematisch hierbei wäre menschliche Fehlbarkeit und unüberschaubarer Datenfluss (Mummendey, 2006, S. 199 ff.).

Organisationsformen – ob klein oder groß – sind meist hierarchisiert und gut strukturiert. Verstärkt sich nun das „Wir-Gefühl", d.h. besteht eine zu starke Solidarität zum Oberhaupt in der Gruppe, kann das dazu führen, dass die Mitglieder nur noch auf sich selbst schauen. Sie schotten sich ab und können nicht mehr einschätzen, wann Fehler gemacht werden. Das bedeutet, dass in stark hierarchisierten Verbänden Fehleinschätzungen wesentlich häufiger stattfinden, als gedacht. Fazit: Groupthink verstärkt sich und Selbstkontrolle wird vernachlässigt.

Irving Janis (1972) bezeichnete dieses Gruppendenken als „Groupthink". Dabei gilt, dass nicht nur totalitäre Staaten von „Groupthink" und Fehlentscheidungen betroffen sind, sondern ebenso demokratisch geführte Organisationen (Aronson et al., 2008, S. 290; Gollwitzer & Schmitt, 2006, S. 197).

Tabuisiert wird in der Regel, die allgegenwärtige Klüngelei in wirtschaftlichen und politischen Reihen. Diese Vetternwirtschaft sorgt dafür, dass Ungleichheit bestehen bleibt und Ungerechtigkeiten unter den Tisch gekehrt werden.

Im Behörden- und Beamtenstaat Europa, sorgt diese Art von Begünstigung dafür, dass Personen, deren Arbeitsmoral zum Himmel schreit, weiterhin auf ihren gut bezahlten Beschäftigungsverhältnis verbleiben.

Ihnen droht selten die Gefahr abgesetzt zu werden, bzw. den einmal erworbenen Rang zu verlieren. Ist der Widerstand der Aufrechten zu groß, werden diese Personen auf andere Posten verschoben, behalten jedoch weiterhin ihre Gehälter. Sie werden demnach nicht abgestuft, oder finanziell bestraft, so wie es beim Ottonormalverdiener der Fall wäre.

Dieses ungeschriebene Gesetz gilt maßgeblich für Beschäftigte im öffentlichen Dienst. Verstärkt in politischen Ämtern. Hier besteht die Möglichkeit sich auf Kosten anderer auszuruhen – ohne dafür Konsequenzen fürchten zu müssen. Die dafür aufzubringenden finanziellen Mittel zahlen die Steuerzahler. Diese uneingeschränkte „falschverstandene" Solidarität, gegenüber unfairen Kollegen, im Sinne von Ringelmanns „sozialen Faulenzens", erzeugt bei den seriösen und produktiven Angestellten großen Unmut, und das Gefühl der Unterlegenheit. Hier funktioniert der soziale Vergleich nicht. Er unterliegt einer negativen menschlichen Eigenart, nämlich: Korruption im Sinne von Begünstigung – der beste Heuchler und Schleimer kommt voran. Dieser absolute Konformitätsdruck und die sich daraus ergebenden Fehlentwicklungen führen zu einem Gruppenzwang der „Ja-Sager".

Noch ein Beispiel, verstärkter „uneingeschränkter Gruppensolidarität", von Wir-Geist und Abnickermentalität, verweist auf das alte und neue Amerika. Zu Zeiten des Kalten Krieges, von 1947 bis 1989, traf eine hochrangig besetzte Expertengruppe, um den US-Präsidenten J. F. Kennedy, die folgenschwere Entscheidung, Kuba mit Exilkubanern anzugreifen. Die Schweinebuchtinvasion in Kuba (am 17. April 1961) wurde zu einem Desaster und man fragte sich, wie eine so hochrangige Expertengruppe eine solche Fehlentscheidung treffen konnte.

Der typische Fehler lag in einer zu hohen Gruppenkohäsion (Konformitätsdruck), und daraus folgend eine totale Fehleinschätzung der realen Situation. Die unüberschaubare Gruppe (mächtige Organisation) glaubte sich im Besitz der Wahrheit und ließ kritische Informationen bzw. Warnungen nicht zu. So brachte z. B. Schlesinger, einer der Berater, Bedenken vor, die jedoch ignoriert und bagatellisiert wurden.

Das überhebliche Auftreten der Expertengruppe deutet an, dass in ihrer Meinung verfestigte Gruppen dazu neigen, abweichende Meinungen von Individuen, oder Minoritäten, zu unterdrücken bzw. auszublenden. Querdenken wird nicht zugelassen und Entscheidungen werden nicht mehr revidiert. Die Wissenschaft spricht dann von homogen zusammengesetzten Gruppen, in denen ein formeller Führer entscheidet.

Viele Mitstreiter werden einer Gehirnwäsche unterzogen und in eine bestimmte Richtung gedrängt – meistens mündet dies in eine gewollte Erniedrigung einzelner Gruppen. Modernstes Beispiel für überhebliche Selbsteinschätzung und diktatorische Allüren sind die Despoten des 21. Jh. Sie sehen sich als alleinige Herrscher und Bestimmer - diese überhebliche Selbsteinschätzung gleicht machtbesessenen Oligarchen. Querdenker, die es wagten, dem Besessenen zu widersprechen, werden systematisch diskreditiert und aus dem Amt entlassen. Der erzwungene Abschied einiger Minister erinnert an Sokrates Anklage und seine Vernichtung (Aronson et al., 2008, S. 290 ff.; Krech & Crutchfield, 1992, S. 93; Gollwitzer & Schmitt, 2006, S. 197).

Ein weiteres Feld von erzwungenem Ingroup-Gehorsam ist die Immobilien- oder Bankenwelt. So gehorchten viele Expertengruppen von Kreditinstitutionen und Banken einer eingeschworenen Groupthink-Architektur und selbstgerechten Symmetrie. Das Streben der Immobilien- und Fondsgesellschaften, nach maximalem Gewinn und personalen Gleichschritt, führte zu großen Fehlentscheidungen (s. der Zusammenbruch vieler Banken).

Die Vorstände ließen kritische Stimmen nicht zu, sie wurden als störend empfunden, und blendeten Negativinformationen bzw. Warnungen schlicht aus. Die scheinbar bedrohte Einigkeit, und das arrogante „Unfehlbarkeitsverhalten" der Finanzmanager, stürzte viele Menschen in den finanziellen Ruin.

Eine ebenso beeindruckende Groupthink-Architektur versteckt sich hinter der männlichen Arroganz. Dass Männervereine aus eingeschworenen Seilschaft bestehen, zeigt sich an ihrer Vergabepraxis von lukrativen freien Posten an weibliche Mitstreiter. Männer dominieren das politische und soziale Umfeld. Der Geschlechterkampf, vor allem auf den höheren Etagen, wird von Männern ausgetragen, die ihre Position wiederum dazu nutzen, freie Stellen an ihre maskulinen Günstlinge weiterzugeben.

Diese Vergabepraxis sorgt nicht nur für Ungleichheit auf beruflicher Ebene, sondern hebt den männlichen Anspruch auf gehobene Posten hervor. Es geht nicht um Können, sondern um das berühmte Vitamin B. Im 21. Jh. bestehen immer noch Diskriminierungsformen gegenüber dem weiblichen Geschlecht.

Als Managerin, Professorin, Bankier befinden sich weniger Frauen in Stellung, als Männer. Ebenso dürftig sieht es auf dem politischen Bankett der Führungsebenen aus. Das liegt sicherlich nicht daran, dass Frauen diese Aufgaben nicht bewältigen könnten oder unfähig wären. Männliche Eitelkeit, überhebliche Selbstwahrnehmung und -darstellung, als auch falsche Solidarität zum eigenen Geschlecht, sind eher der Motor für diesen angestrebten patriarchalen Machterhalt (Gollwitzer & Schmitt, 2006, S. 197).

Selbstüberschätzung, Allmachtsfantasien und grenzenloser Starrsinn begünstigen Erniedrigungen verschiedenster Art. Unterschiedlichste Diskriminierungsformen und Vorurteile unterstützen hartherzige Praktiken. Diesen Prozess erfasste die Forschung und analysierte Methode und Funktion von Diskriminierungsarten.

3.4 Formen von Diskriminierung

Der differenzierte Blick auf das Konstrukt „Diskriminierung" und ihren verschiedenen Facetten, verweisen auf mannigfaltige Unterkategorien zu diesem Thema, und ähneln den Vorurteilstheorien. Weshalb es teilweise zu Wiederholungen hinsichtlich verschiedener Wissenschaftsansätze kommen kann. Trotzdem sind Informationen, über unterschiedliche Diskriminierungsformen, unerlässlich. Allerdings möchte ich hier lediglich jene betrachten, die m. E. erwähnenswert und bedeutend sind, um Diskriminierung gegenüber Fremdgruppen ausreichend zu beschreiben.

Ein erster Schritt zur Diskriminierung vollzieht sich über Separation. Diese Absonderung steht für die Trennung der einen Gruppe von der anderen, um Kontakte zu vermeiden und sich von der Fremdgruppe abzuheben. Beispiele dafür sind politische Gruppierungen: Links- oder Rechtspartei etc.; ebenso religiöse Bindungen: katholisch oder evangelisch – muslimisch oder buddhistisch etc.; Berufsverbände: die Zünfte – Ärztezunft, Handwerkerzunft etc. Möchte ich mich von der fremden Gruppe abheben, separiere ich mich nicht nur von dieser, sondern beginne auch mich von der Gruppe und ihren Mitgliedern zu distanzieren (Outgroup-Distanzierung; s. dazu Elliotts Blau- und Braunaugen).

Diese kognitive Distanz macht eine Verwechslung zwischen den einen und den anderen nicht mehr möglich. Neben dem geistigen Abstand findet sich auch eine sprachliche Distanz. Darunter versteht man abstrakte distanzierende und verletzende Wörter wie Asylantenflut, Scheinarbeitslose, Sozialschmarotzer, Zigeuner etc. Im öffentlichen Leben hört man immer noch solche abwertende Begriffe. Ein passendes Beispiel ist der Neger. Besonders verwirrend der Ausdruck „Farbige" für schwarze Menschen, als ob sie grün, blau und gelb wären (Güttler, 2003, S. 116 f.; Zimbardo, 1995, S. 714).

Diskriminierung, als Stereotypisierung bzw. Fixierung, setzt ein vereinfachtes Abbild der sozialen Umwelt voraus, welches sich auf tradierte und vereinfachte Meinungen über soziale Gruppen und Personen festlegt. Die Eigenschaften eines Mitglieds einer Gruppe werden generalisiert, und „Gerüchte" werden verallgemeinert oder, wie Güttler schreibt, „zementiert". Die derzeitige Stimmungsmache gegen Asylbewerber ist ein Versuch, ein negatives Bild über die Fremden zu streuen, bzw. in den Köpfen der Einheimischen zu fixieren. Dem nicht zu folgen, Gruppengehorsamkeit zu widerstehen, bleibt jedem Einzelnen überlassen. Allerdings ein Sklave des „kognitiven Geizhalses" zu werden, ist nicht rühmlich, geschweige besonders tapfer (Güttler, 2003, S. 117; Aronson et al., 2008, S. 424 ff.).

Neben den separierten und distanzierten Merkmalen einer Fremdgruppe, wird Diskriminierung als Akzentuierung hervorgehoben, z. B. wird das äußere Erscheinungsbild betont (Hautfarbe, Kleidung usw.). Das Fremdartige wird eher als Vergleich herangezogen, anstatt als mögliche Übereinstimmung, oder kulturelle Bereicherung. Dieser Vergleich führt dazu, dass Differenzen auf beiden Seiten überbetont werden, und die Gruppen sich immer weiter voneinander entfernen. Fehlerhafte Zuschreibungen, bzw. Überschätzungen, der Fremd- und Eigengruppe kommen schnell zustande, wenn soziale Vorurteile benutzt werden (wie bereits angemerkt: z. B. „Asylantenflut, die nehmen uns die Arbeit weg"). Im Kontext zur „sozialen" Diskriminierung werden negativ motivierte Beweggründe sichtbar (Güttler, 2003, S. 116–117; Frey & Greif, 1997, S. 366 ff.).

Verbale Äußerungen müssen jedoch nicht mit dem tatsächlich gezeigten Verhalten übereinstimmen, so wie Vorurteile nicht zu einer direkten sozialen Diskriminierung führen müssen. Diskriminierungen können auch ohne Vorurteile auftreten. Dies geschieht vor allem dann, wenn das Verhalten extern kontrolliert, oder erzwungen wird. Die bereits beschriebenen Experimente von Milgram und Stanford, oder Elliott und Jones, betonen, dass Diskriminierungen durch äußere Anreize, Rollennormen, Befehle, Gruppensolidarität, oder Machtgenuss, motiviert sein können. Dies sind alles Aktivitäten, die soziale Diskriminierung zur Folge haben, und direkte, als auch indirekte, Diskriminierung beinhalten (Bergmann, 2005, S. 12; Güttler, 2003, S. 116 ff.).

Theoretisch handelt es sich bei einer „direkten" Diskriminierung um organisatorische oder lokale Handlungen, welche möglich oder vorgeschrieben sind, und negativ auf bestimmte Personen und „Outgroups" wirken sollen. Diese Diskriminierungsart erfolgt regelmäßig (z. B. Inländerprivileg bei der Arbeitsvermittlung, Bevorzugung der Inländer in Beruf und Arbeit, oder bei der Wohnungssuche).

Direkte institutionelle Diskriminierungshandlungen sind unantastbar, da sie von hochbürokratischen, gesetzlich-administrativen Regelungen geschützt werden. Routinierte Handlungen werden legitimiert, da diese als „ungeschriebene Gesetze" gelten. Unter solche Regelungen fallen institutionelle Selektionsverfahren (direkte Diskriminierung an Schulen), da behördlich und politisch eine gezielte Unterscheidung (z.B. von Schülern) gefordert wird. Formelle Erlasse und explizite Regeln erlauben soziale Ungleichbehandlung (Gomolla, 2007, S. 49).

Von Schulen wird Selektion als positive Diskriminierung ausgelegt, i. S. einer fördernden Maßnahme. Positive Diskriminierungen sind affirmative (bejahende) Maßnahmen, die auf die Förderung ethnischer (kultureller und sprachlicher) Minderheiten gerichtet ist, um (angeblich) gleiche Zugangschancen zu gewähren. Da formale Qualifikationen unverzichtbar sind, gelingt es nicht beruflich erfolgreich zu sein, ohne einen bestimmten Bildungsabschnitt vorweisen zu können. Damit sind erfolgreiche Berufschancen für Migranten kaum gegeben. Solche Formelle und informelle Handlungsmuster, als auch geschriebene und ungeschriebene Regeln, führen stets zur indirekten Diskriminierung.

Zudem erscheint es mir fragwürdig, eine Diskriminierung als positiv zu bezeichnen. Wie kann eine Diskrimierung[24] - egal welcher Art - jemals positiv sein? (Gomolla, 2007, S. 167, S. 275; Marsh et al., 2003, S. 10).

Die „indirekte" Diskriminierung hat negative und differenzierte Wirkungen auf (ethnische) Minderheiten und Frauen. Sie stellt eine Folge der

---

24 Hier stellt sich für mich spontan die Frage, wie eine Diskriminierung positiv sein kann? Zumal das Wort „Diskriminierung" synonym als Benachteiligung; Demütigung; Entehrung; Entwürdigung; Erniedrigung; Herabsetzung bezeichnet wird.

behördlichen Vernetztheit dar (deshalb auch Seiteneffekt-Diskriminierung). Die Wohnungssuche kann sich zum Hürdenlauf ausweiten, wenn durch ungleiche Bezahlung im Beruf finanzielle Nachteile entstehen. Ebenso kann eine zurückliegende Benachteiligung, bezüglich der Schullaufbahn, dazu führen, im Beruf bestimmte Positionen nicht bekleiden zu können. Sichtbar werden beide Diskriminierungsarten am Beispiel der Beseitigung formaler Zugangsbarrieren für Migranten (direkte Diskriminierung) einerseits; andererseits werden gleichzeitig systematische Testverfahren (indirekte Diskriminierung) eingesetzt und verfasst.

Myrdal (1944, 1962) veröffentlichte und thematisierte erstmals diese politisch-soziale Ungleichbehandlung sozialer Gruppen. Neben den Vorurteilsansätzen kam er zu der Überlegung, dass Diskriminierung aus rein egoistisch-individuellen Gründen heraus geschieht, um die eigene Position und Macht zu schützen.

Nicht nur auf gesellschaftlicher Ebene wird diskriminiert, sondern es ist zu erkennen, dass sich institutionelle Diskriminierung gleichermaßen auf die unterschiedliche Behandlung von Menschen bezieht, deren Individualität und kulturelle Eigenarten missachtet werden. Verschiedene soziale Institutionen können die Ursache für Diskriminierung sein, weshalb der Begriff „institutionell" sich auf unterschiedliche Organisationen bezieht, wie z. B. Bundesbehörden, kommunale Institutionen, Bildungseinrichtungen, Polizeibehörden, Gewerkschaften, oder das Gesundheitswesen (Auernheimer, 2010, S. 88; Gomolla, 2007, S. 40 f., S. 50 f.; Güttler, 2003, S. 116 f.; Frey & Greif, 1997, S. 366).

Dieses Verhalten von Majoritätsgruppen untersagt „fremden" Gruppen gleiche Rechte. Sie halten soziale Ungleichheit und rassistische Einstellungen aufrecht, indem Angebot und Nachfrage Märkte schaffen, die von der Mehrheitsbevölkerung abgelehnt werden würden. Ihre Entscheidungs- und Unterscheidungsmacht folgt einer eigenen zielgerichteten Logik, mit eigenen Normen und rechtlichen Regeln, welche von internen „(behördlichen) Gesetzeshütern" legitimiert werden.

Exemplarisch für eine Desintegrationspolitik der Nachkriegszeit, war die Übernahme ehemaliger „Täter" in den Staatsdienst. Das führte zu allen möglichen (systematischen) Diskriminierungsfolgen (von der offenen, versteckten, direkten und indirekten bis hin zur institutionellen).

Ehemalige Opfer standen ihren ehemaligen Peinigern abermals gegenüber, und waren erneut ihrer Willkür ausgesetzt (APuZ, 2008, S. 22; Gomolla, 2007, S. 18).[25]

Die Macht der institutionellen Diskriminierung liegt in gesetzlichen Vorgaben, welche Aufenthalts-, Bildungs- und Arbeitserlaubnis, soziale und steuerliche Bestimmungen regeln. Ein von der Politik festgesetztes europäisches Recht, das eigentlich gleiche Rechte und gerechte Bildungschancen für alle vorschreibt, findet keine Umsetzung. Tatsächlich werden Migranten und Minderheiten weiterhin rechtlich ungleich behandelt und benachteiligt.

Die Verteilung von Posten erfolgt indirekt, über „tradierte Vergabepraxen" und Statusprivilegien. Während Frauen sich engagiert gegen die Geschlechterdiskriminierung wehren können, und der Gesetzgeber aufgrund des öffentlichen Drucks reagieren muss, können Minderheiten, wie Asylbewerber und Migranten, wenig gegen direkte, indirekte, sozia-

---

25 Quelle: http://www.gew.de/Bildungssystems_selektiv_und_wenig_durchlaessig.html

le oder institutionelle Diskriminierung ausrichten. Der Abbau von „kollektiver Diskriminierung" kann nur dann erfolgreich sein, wenn einerseits kulturelle Toleranz sozial anerkannt wird, andererseits die Institutionen ihrem Gleichheitsgrundsatz gerecht werden, und der Diskriminierung, als auch dem Rassismus, kein Vorschub geleistet wird (Gomolla, 2007, S. 19f, S. 51).

Betrachtet man die neuesten Entwicklungen, bezüglich politischer Gruppierungen und Wahlerfolgen, bleibt nur zu hoffen, dass rechtspopulistische Parteien keine weiteren Mitläufer rekrutieren. Nicht mehr alle fallen auf die hetzerischen Parolen herein, trotzdem gibt es noch genug Verirrte, die ihre eigene Ohnmacht und Perspektivlosigkeit auf andere projizieren. Und welche Gruppe ist zur Stigmatisierung besser geeignet, als die fremden Neuen? Charismatische Demagogen können, mit dementsprechenden Parolen, über Mitläufer und Fürsprecher ungebremste Wut, gepaart mit unbändigen Zorn und Gewalt, entfachen. Das sollte uns alle wachrütteln und zu (friedlichen) Gegenaktionen mobilisieren.

Der Blick sollte jedoch nicht nur allein dem Terror gelten, sondern ebenso einer kapitalistischen Elite, welche in gleicher Weise eine Gesellschaft spaltet und für egoistische Zwecke benützt und ausnützt. Ob nun diktatorische, kapitalistische, tyrannische, oder demokratische Staaten, alle beherrschen das Konzept der Diskriminierung, der Separation und der Streuung von Vorurteilen. Man kann nur hoffen, daß Gleichheit, Besonnenheit, Toleranz und kulturelle Vielfalt eines Tages alltäglich und allgemeingültig werden.

Sicherlich, vorwiegend stehen die Bürger für ein friedliches Klima des Miteinanders. Sie realisieren den Vorzug kultureller Vielfalt. Trotzdem gibt es noch zu viele, die Angst und Panik verbreiten – aus welchen Gründen auch immer – Menschenrechte missachten und infolgedessen die Würde des Menschen verletzten. Aktuelles Paradebeispiel dafür ist Amerika. Die Ära Trump wird Geschichte schreiben – vermutlich nicht im bejahenden Sinne.

Welche Handlungsmöglichkeiten haben wir, um despotischem Verhalten entgegenzutreten? Wie sieht Widerstand aus und wie kann dieser gelingen? Wie wichtig sind Informationen, Kontakt und Kommunikation? Was kann man tun, um nicht auf manipulative und gewaltbejahende Gruppen hereinzufallen? Alles Fragen deren praktische Umsetzung noch offen steht.

4. Beherzt gegen Inzuchtdenken

Besonders einflussreich sind soziale Gruppen, Kontakte, Institutionen und Organisationen, welche Meinungen, Bewertungen und Aussagen verbreiten oder verallgemeinern. Die Öffentlichkeit wird mit Informationen gefüttert, die nur teilweise richtig, oder komplett erfunden sein können. In den modernen Medien - wie Facebook, Twitter und Co. - finden sich gestreute Falschmeldungen und gewaltbereite Protestaktionen, zu potenziellen politischen und sozialen Wendungen.

Nicht nur im eigenen Land brodelt es. Auf fast jedem Kontinent gibt es Gewalttaten gegen Bürger. Absichtlich werden politische und soziale Außenseiter als willkommene Sündenböcke ausgerufen. Jene Outgroups werden verfolgt, da sie Korruption und Machtmissbrauch aufdecken und dem ahnungslosen Menschen präsentieren. Despoten, Machtpolitiker, Fundamentalisten, Diktatoren usw., versuchen Stimmung gegen jene „Menschen" zu machen, welche entschlossen genug sind, eine andere Sichtweise zu vertreten und den Mut haben, Falschaussagen offenzulegen.

Europa muss sich mit seiner Vergangenheit auseinandersetzen. Traurige Fälle von Anschlägen und Hassparolen rechtspopulistischer Organisationen, machen Stimmung gegen „Subkulturen", weil sie sich zu einer anderen Denkart bekennen, oder aus einem anderen Land stammen. Diese rassistisch motivierten Anhänger versuchen die einheimische Bevölkerung zu verunsichern und für ihre zweifelhaften Aktionen zu gewinnen. Dem kann man entgegentreten und sich als mündiger Bürger erweisen. Es bedarf mutiger Querdenker und Opponenten von Jasagern (Inzuchtdenkern).

4.1 „Anti-Groupthink" in der Praxis

Es gibt konstruktive Beispiele des Aufstands und des Widerstands gegen diskriminierende gewaltorientierte Gruppierungen; tyrannische Autoritäten; korrupte Institutionen und Behörden, oder Staatsoberhäupter. Wenngleich Widerstandsgruppen selten optimal organisiert sind – während der Naziherrschaft konnten sie beispielsweise nur im Untergrund agieren - können sie trotzdem große Macht erlangen.

Die Geschichte verweist uns auf namhafte Personen, oder Gruppen, welche Leib und Leben dafür einsetzten, um Missstände deutlich zu machen, und Individuen zu mehr Mündigkeit und Wagemut zu verhelfen. Es sind Menschen, wie Du und ich, die mit mutigen Aktionen, oder revolutionären Gedanken, versuchten die Sicht auf die Dinge zu ändern. Einigen gelang es, andere wiederum blieben ungehört.

Beginnen wir mit Rousseau (1721–1778). Er stellte sich gegen den damaligen „Mainstream" der Aufklärungsbewegung. Als Querdenker seiner Zeit bereitete er jedoch auch den Boden für nationalistische und totalitäre Ideologien. Seine Schriften verhalfen ihm zwar zu Weltruhm, jedoch der Preis, den er für seine Opposition zu zahlen hatte, war Verbannung und Verfolgung.

Stauffenberg, Sophie Scholl, Anne Frank, Mahatma Gandhi, Nelson Mandela etc. sind Namen, die für Widerstand und Auflehnung, gegen eine inhumane Staatspolitik stehen und dafür ihr Leben riskierten. Ihre Geschichte zeigt, wie wichtig es ist, Verbündete für die eigene Idee zu finden. Die Stärke einer Gruppe besteht nicht nur darin, neuen Entdeckungen, Gedanken und Erfindungen zum Durchbruch zu verhelfen, sondern auch darin, ethische Verwerfungen zu erkennen und aufzudecken.

Die Erkenntnis, dass die Erde um die Sonne kreist, wurde in Europa schon von Aristarchos von Samos (310–230 v. Chr.) entdeckt[26]. Er wagte es, Aristoteles' Annahme zu widerlegen, erntete dafür jedoch nur Hohn und Spott. Die Zeit war nicht reif dafür und Aristarchos hatte keine mächtigen Verbündeten, im Gegensatz zu Aristoteles (384–322 v. Chr.) oder Archimedes (287–212 v. Chr.), die zu Lebzeiten hohes Ansehen genossen. Ihre Erkenntnisse wurden nicht angezweifelt und hatten viele (geistige und politische) Mitstreiter, die über ihren Tod hinaus, einmal festgelegte Anschauungen, vehement verteidigten.

Es dauerte fast 2 000 Jahre, bis immer mehr Beherzte die Courage hatten (Wissenschaftler wie Kopernikus, Kepler, Galilei usw.), dem „wiederentdeckten Wissen" des Aristarchos zur Allgemeingültigkeit zu verhelfen[27] (Schneiders, 2005, S. 73 ff.).

Dieses rigide Klammern an Konventionen, und das Ausblenden neuer Ergebnisse bzw. Erkenntnisse, führt oftmals dazu, neues Wissen zu untergraben und zu verschleiern. Den Schein (be)wahren, Althergebrachtes verteidigen, wird zu einem starren Zustand – es herrscht quasi Stagnation im Denken und Handeln. Für Irving Janis ein typisches Inzuchtdenken, gekoppelt mit Groupthink.

Der amerikanische Sozial- und Forschungspsychologe Irving Janis

---

26 (http://de.wikipedia.org/wiki/Aristarchos_von_Samos)

27 (http://de.wikipedia.org/wiki/Heliozentrisches_Weltbild)

machte sich 1972 viele Gedanken um das Groupthink-Phänomen. Er sah die gewalttätigen Auseinandersetzungen, zwischen den unterschiedlichen Kulturen, und plädierte für andere Möglichkeiten, Gruppenkohäsion und Konformitätsdruck zumindest zu lindern. Janis' Ausführungen, zu mehr Toleranz und Frieden, stellen einen großen Beitrag für die Weltgemeinschaft dar. Seine besonnenen Ideen zu „Anti-Groupthink" sind erwähnenswert.

Es hat sich gezeigt, dass bei Unsicherheiten, vor wichtigen Entscheidungen, dominante Gruppenmitglieder Druck auf Minoritäten ausüben. Hierarchisierte Organisationen haben meist nur einen dominierenden bzw. tonangebenden Kopf an der Spitze. Dieser Prinzipal und seine Untergebenen blocken Querdenker gerne ab und stellen sich ungern den gegebenen Umständen. Kritik an die Chefetage könnte die Harmonie im engsten Führungskreis stören. In dieser Gemeinschaft herrscht eine signifikante Gruppenkohäsion; d.h. der soziale Zusammenhalt um die Führungsperson herum ist tonangebend. Ein konfliktreicher Umstand von falschverstandener Solidarität zum Management, der oftmals Verdrossenheit bei den Kritikern auslöst.

Um die durch „Groupthink" entstehenden Konflikte zwischen Führungskreis (Majoritäten) und Querdenker (Minoritäten) zu entschärfen, schlug Janis vor, den „formellen" Führer abzulösen und stattdessen einen demokratischen Führungsstil zu bevorzugen. Bei einem Laborversuch zu kreativer Problemlösung konnte nachgewiesen werden, dass ein „autoritärer" Führer seine Gruppe eher blockierte, aber in einer Gruppe von „Demokraten" die Qualität der Lösungsfindung höher war.

In stark hierarchisch strukturierten Organisationen wird Gruppendenken

- Inzuchtdenken - von einem dominanten Oberhaupt eher gefördert. Der Chef trifft Entscheidungen und lässt Widerspruch kaum zu. Die Mitarbeiter unterwerfen sich dem System und bewahren Stillschweigen, um die trügerische Harmonie um den Chef herum ja nicht zu stören (es herrscht Stagnation im Denken und Handeln). Zu hohe Gruppenkohäsion führt zu „Inzuchtdenken", womit neue Sichtweisen, Gedanken und Ideen von vornherein blockiert werden.

Große Institutionen bedürfen eines unabhängigen klüngelfreien Führungsstabs. Sodaß Voreingenommenheit, soziales Faulenzen, Inzuchtdenken und überhebliche Selbsteinschätzung nicht wirksam werden können. Die Realität sieht leider anders aus.

Das Phänomen des „social loafing" (soziales Faulenzen) bedeutet, dass der Wert eines individuellen Beitrags in einer großen Gruppe geringer wird, da man Verantwortung nicht allein übernehmen muss. In der Gruppe ist der Einzelne anonym, er kann darin untergehen und seine Leistung kann nicht exakt bestimmt werden.

Erstmals beschrieben hat das Phänomen „soziales Faulenzen" Max Ringelmann (1913). Er beobachtete Menschen beim Tauziehen und stellte fest, dass die Leistung der einzelnen Personen in der Gruppe immer mehr abnahm, je mehr Personen hinzukamen. Dieser sogenannte „Ringelmann-Effekt" wurde von Bibb Latané et al. als „social loafing" beschrieben.

Um „soziales Faulenzen" und „Verantwortungsdiffusion" zu verhindern, wäre es erforderlich, Aktionen oder Leistungen zu individualisieren – eine Idee, die, diffuse Situationen entschärft. Denn je kleiner die Arbeitsbzw. Projektgruppe, desto größer der individuelle Beitrag, desto höher der Informationsfluss und Lerneffekt.

Dazu ein Beispiel, welches die genannten Phänomene des Groupthink, sozialen Faulenzen etc., beschreibt. Die Akteure, um die es hier geht, sind: Eine Leitung eines Tagesheims und ihre Stellvertreterin. Vorab möchte ich noch betonen, dass es sich hier nicht um einen Einzelfall handelt, und sicherlich findet sich der eine oder andere Leser hier wieder!

Zum Ablauf: Trotz mehrmaligen Beschwerden von Angestellten an den formellen Führer, über mangelnde Leistung und Engagement der stellvertretenden Leitung, erfolgten keinerlei adäquaten direkten Sanktionen. Es herrschte Stillschweigen und das Problem wurde heruntergespielt. Die ständige Abwesenheit und mangelhafte Arbeitsmoral der Stellvertreterin, sorgten dafür, dass auf die jeweilige Leitung eine doppelte psychische und physische Belastung zukam.

In der Chefetage verliefen die zahlreichen Beschwerden im Sand und wurden von den verantwortlichen Stellen bagatellisiert. Die mutige und standhafte Beschwerdeführerin wurde belächelt, demoralisiert, und zusätzlich, auf bürokratischem Wege, mit formellen Reklamationsanträgen überhäuft. Diese Erniedrigung und das ständige Verleugnen der Tatsachen kostete, der Kämpferin für Gerechtigkeit, im wahrsten Sinne des Wortes, das letzte Haar.

Sagenhafte 8 Monate dauerte es, bis endlich Bewegung in die Angelegenheit kam. Während dieser Zeit konnte sich die Nutznießerin weiter auf ihr ansehnliches Gehalt freuen, ohne irgendeine Leistung dafür erbracht zu haben. Vor allem aber, konnte sie sich auf die absolute Loyalität der dominanten Führer verlassen, da sie bestens mit ihnen verbrüdert war. Genau der Umstand welcher beschrieben wurde: Der Prinzipal und seine Untergebenen blocken Querdenker ab, und stellen sich ungern den gegebenen Umständen. Der soziale Zusammenhalt, um die Führungsperson herum, bleibt tonangebend. Diese falsche Solidarität zum Management und Kumpelei fördern Inzuchtdenken und schließen die Wirklichkeit aus.

Halten wir fest: eine Großstadt beschäftigt Tausende von Mitarbeitern. Dann kann man laut Umfrage beruhigt davon ausgehen, dass eine hohe Anzahl von Mitarbeitern das System ausnutzen und dabei unbehelligt bleiben. Es finden Fehlinformationen der realen Situation statt und kritische Warnungen werden nicht zugelassen. Ein Groupthink-Desaster, indem Konformationsdruck dazu führt, Selbstkontrolle zu vernachlässigen, und „social loafing" (soziales Faulenzen) zu keinerlei Konsequenzen führt. Wie gesagt – kein Einzelfall!

Effizientere Problemlösungen sind zu erwarten, wenn der Gruppenführer lediglich als neutraler Einsatzleiter agiert. Er bleibt für neue Innovationen offen. Dieser „sachliche Parteilose" unterdrückt andere Meinungen nicht, und versucht nicht, Widersprüche zu banalisieren. Die Hinzuziehung eines vorurteilsfreien demokratischen Moderators und eines externen Beraters kann von hohen Nutzen sein. Der Beitrag aller führt zu mehr Eigenverantwortung für ein besseres Ergebnis – soziales Faulenzen wird nicht mehr toleriert, Mitarbeiter sind motivierter und tragen zu einem harmonischen Miteinander bei, wodurch auch das Zielprodukt erhöht wird. Alle profitieren von einem transparenten und demokratischen System - letztendlich ergibt sich dann von alleine ein harmonisches Auf und Ab.

Diverse Unternehmen folgten Janis' Aufruf, und setzten auf einen demokratischen Führungsstil. Auf europäischen Boden steht z.B. Arthur Fischer (der Erfinder des Dübels) an vorderster Front, als einer der ersten Unternehmer, in den 60er Jahren, der seinen Betrieb auf einen demokratischen Führungsstil umstellte. Sein Erfolg beruht darauf, dass alle Ideen gehört wurden. Kein Vorschlag war zu gering, um einfach weggeschoben zu werden. Jeder, vom einfachen Fließbandarbeiter, bis hin zum Ingenieur, hatte das Recht, angehört zu werden. Zwischen den Mitarbeitern, und der Chefetage, herrschte eine friedliche Atmosphäre und Zusammenarbeit, da jeder wußte, daß er als Mitarbeiter und Mensch respektiert und gehört wurde. Der kooperative und demokratische Führungsstil lieferte der Fischer-Gemeinschaft hohe qualitative und innovative Produktsortimente. Er wurde zum Marktführer der gemeinsam erarbeiteten Waren.

Der Nachteil vieler Großunternehmen besteht darin, dass Unternehmensstrukturen statisch und unüberschaubar werden. D. h. einst vorbildlich geführte Konzerne verlieren sich, nach ihrer Expansion und wirtschaftlichem Erfolg, im Führungschaos. Diese Verwicklungen teilen sich nicht nur Konzerne, sondern auch bürokratische und politische Systeme bleiben davon nicht verschont. Das Ergebnis ist dann: Mitarbeiter fügen dem Unternehmen Schaden zu (siehe beschriebenes Beispiel: „social loafing" und Inzuchtdenken in einer städtischen Einrichtung).

Zugleich verstehen Mitarbeiter, großer staatlicher Institutionen, das eigene System nicht mehr und haben keinen Überblick, wer für was zuständig ist. Verwirrung stiftet zusätzlich die personale Zuständigkeit für die verschiedenen Abteilungen und Ebenen [28].

Eine weitläufigere Hürde, auf dem Weg zu einem kooperativen Führungsstil, stellt der ökonomische Wachstumswahn der letzten Jahrzehnte dar. Dieses, nur auf den eigenen Nutzen bezogene Gewinnstreben, bewertet demokratische Führungsstile und humane Arbeitswelten eher als störend. Das individuelle Bestreben, möglichst viel zu erwirtschaften, führt zu Einzelkämpfern – einer Ellenbogengeneration. Jeder möchte der Beste sein und schreckt vor riskanten Manövern nicht zurück. Der Kapitalmarkt verführt die Menschen zu einem Wettbewerb der besonderen Art. Das Ziel, möglichst opulenten Gewinn vorweisen zu können, schließt andere aus. Es gilt das Motto: Mit einer menschenwürdigen Einstellung kann man kurzfristig nicht genügend Kapital erwirtschaften. Dieses Streben nach dem schnellen Geld kann nicht von Dauer sein, wie der Zusammenbruch der Finanzmärkte zeigte. Allerdings störte dieses Debakel die einvernehmliche Profitgier der Politiker und Wirtschaftsbosse nicht. Die Schulden wurden auf die Bürger abgewälzt und das banale System der Ausbeutung kann fleißig weitergeführt werden.

Der Zwang zu Groupthink, auf allen Ebenen, führt in letzter Konsequenz dazu, dass es keinen Unterschied zwischen den Parteien gibt, und alle zu einem politischen Einheitsbrei werden. Die eine Partei unterscheidet sich nicht mehr von der anderen. Alle treibt scheinbar nur noch ein Ziel an: Mit viel Macht oben bleiben und dabei reich werden - koste es, was es wolle. Die Majorität, in diesem Fall sind das die Steuerzahler, murrt nicht und wird stets brav alle Schulden bezahlen. Kein harmloser Zustand, sondern Zündfeuer für Populisten und andere gewaltbejahende Parteien. Eine Paradoxie im scheinbar demokratischen 21. Jh.

---

28 Siehe dazu: Der Buchbinder-Wanninger-Effekt – ein Sketch von Karl Valentin.

Mitbestimmung bedeutet, angehört werden und Ungleichheit abschaffen. Ein Unternehmen, oder System, könnte, langfristig gesehen, von allen getragen und gemeinsam zum Erfolg geführt werden. Von blühenden Landschaften verspreche ich mir etwas anderes. Z.B. Wohlstand und Zufriedenheit für alle. Den Abbau von Ungleichbehandlung und Unterstützung der Bedürftigen. In einem politischen System von Klüngelei, „Ja-Sagern" und Mitläufern, kann Gerechtigkeit nicht gelingen.

Verständlich, daß sich Janis Vorschläge nur langsam durchsetzen. Noch gibt es zu viele Befürworter einer hierarchisch organisierten Umwelt, da eine Umstrukturierung nicht nur viel Zeit kostet, sondern von allen ein Umdenken erfordern würde. Eine An- und Überforderung, die, angesichts der schnelllebigen Zeit, unmöglich erscheint, aber dringend notwendig wäre (Aronson et al., 2008, S. 293; Krech & Crutchfield, 1992, S. 94; Gollwitzer & Schmitt, 2006, S. 198).

Eine weitere Strategie, zur Minimierung von „Rudeldenken", entnahm Janis der Praxis der katholisch-römischen Kirche. Hier gab es zur Seligsprechung zwei Mitspieler: den sogenannten „Teufelsanwalt" und den „Engelsanwalt".

Wollte die römisch-katholische Kirche eine Person seligsprechen, berief sie, als Fürsprecher, einen „Engelsanwalt" (Advocatus Angeli) und gleichzeitig einen Gegenspieler, den „Teufelsanwalt" (Advocatus Diaboli). Der Advocatus Diaboli suchte stets Argumente, um die Seligsprechung zu verhindern. Aufgrund seiner ständigen Einwände, minimierte der „Teufelsanwalt" jede Art von Gruppendenken. Jede Entscheidungsvariante wurde vom „Advocatus Diaboli" mit Gegenargumenten angezweifelt.

Diese Form der Kontrolle, über Majoritätspositionen, führt laut Janis dazu, Positionen zu überdenken und Entscheidungen infrage zu stellen. Der Vertreter der Minoritätsposition, der Gegenspieler, löste einen kognitiven und damit kontrollierbaren sozialen Konflikt aus (Krech & Crutchfield, 1992, S. 94).

Eine zusätzliche Möglichkeit, gegen Groupthink anzugehen, ist die Trennung von Gruppen. Jede Gruppe muss selbstständig Lösungen finden, oder Szenarien überlegen und durchspielen; d. h. unterschiedliche Alternativen prüfen. Ein Lösungsvorschlag vor allem für große Organisationen und Institutionen. Diese Abkapselung von Gruppen kann Müßiggang und Kompetenzstreuung verhindert.

Das könnte eine sinnvolle Lösung, für die zahlreichen Ministerien und ihrer Beamten in unserem Staat, sein. Soziales Faulenzen spielt hier eine große Rolle, da, aufgrund von Seilschaften, solches Verhalten ohne Konsequenzen bleibt und alle Stillschweigen bewahren. Diese Ungerechtigkeit gegenüber dem Steuerzahler müßte mal angesprochen werden. Aber hierzu dringen kaum Informationen durch (Aronson et al., 2008, S. 293 & S. 283 f.).

Informationsmangel und -verlust besteht nicht nur zwischen Politiker und Bürger, analog gilt das ebenso für Chefetagen großer und kleiner Unternehmen. Bestmögliche Entscheidungen bedürfen aller zur Verfügung stehenden Informationen.

Ein Problem von (großen als auch von kleinen) Teams ist, dass sie nicht in der Lage sind, alle neuen Mitteilungen weiterzugeben. Sie befassen sich lieber mit den Informationen, die bereits allen vorliegen. In einem

Gremium ist jeder Einzelne unterschiedlich aufgeklärt. Würden alle Gruppenmitglieder ihr Wissen offen auf den Tisch legen, käme ein optimales Ergebnis zustande. Stattdessen diskutiert man oft nur über Bekanntes. Die Sozialwissenschaft nennt dieses Phänomen das „hidden-profile"-Paradigma, oder Prozessverlust.

Das „hidden profile" ist ein versteckter Hinweis, der blockiert oder überhört wird, weshalb vielleicht wichtige Informationen nicht ausdiskutiert werden. Begründet wird dieser Prozessverlust damit, dass den Mitgliedern die Sensibilität fehlt, die Stärken und Schwächen des Einzelnen zu erkennen und anzuerkennen. Oder, dass es generell an Kommunikationsfähigkeit mangelt. Meist wird einem Wortführer eher geglaubt, als demjenigen, der die Harmonie mit Einwänden stört. Ihm wird nicht zugehört, er wird abgeblockt, seine Argumente werden übergangen oder banalisiert.

Dieser Umstand ist oft auch verantwortlich dafür, dass es schwerfällt, bestehende rassistische Vorurteile deutlich anzusprechen und darauf hinzuweisen. Zugleich mit beteiligten Personen detaillierte Informationen auszutauschen und durchzudiskutieren. Ein misslicher Umstand, den einige unter uns sicherlich kennengelernt haben.

Es ist schwer, sich gegen ausländerfeindliche Argumente von Mitarbeitern zu wehren, wenn man sich erstens alleingelassen fühlt; und zweitens spürt, ungehört zu bleiben und an Grenzen zu stoßen. Die beste Argumentation hilft nicht, wenn keiner etwas davon wissen und hören will. Von daher ist es wichtig, möglichst viele Informationen einzuholen. Argumente und Gegenargumente zu überdenken. Darüber nachzuforschen, welchen Umständen die Situation geschuldet ist, um dann, als engagierter Mitmensch mit Gleichgesinnten, den geeigneten Argumenten den letzten Schliff zu geben (Aronson et al., 2008, S. 288 ff.; Gollwitzer & Schmitt, 2006, S. 195 f.).

Z.B. hätte Kennedy die Fehlentscheidungen (zur Kuba-Invasion) verhindern können, wenn er die Gruppen nicht nur getrennt, sondern auch Aufgaben bzw. Problemlösungsfindungen an Einzelne delegiert hätte. Darüber hinaus, neuen Informationen den nötigen Raum gelassen hätte, gehört zu werden.

Aufgaben werden besser gelöst, wenn die Verantwortung für wichtige Themen, oder Informationen, auf verschiedene Personen verteilt wird. Das sogenannte „transaktive Gedächtnis", die wechselseitige Informationsaufnahme, hat den Vorteil, dass Informationen von den Probanden ernst genommen werden, und eine klare Aufgabenteilung besteht.

Kleine gemischte Gruppen arbeiten selbstständig, an den ihnen gestellten Aufgaben, und tragen ihre Ergebnisse und Lösungen vor. Im Hinblick auf kulturelle Unterschiede, sollten Gruppen, mit unterschiedlichen Migrationshintergrund, gemeinsam an Projekten arbeiten. Wichtig wäre zudem, dass sie ihre Argumente zusammenhängend und geschlossen vorbringen. Wird man beim ersten Mal nicht gehört, dann muss man eindringlich darauf beharren, damit die Vorstellungen, Ideen bzw. Informationen (von den anderen Projektmitgliedern), bewusst aufgenommen werden (Aronson et al., 2008, S. 290).

4.2. Allein gegen Alle

Verlassen wir die große Gruppe bzw. Organisation und begeben uns auf die Ebene der Minoritäten. Jene Fraktion, die keine Mehrheit besitzen, aber gehört werden sollte. Das Forscherherz beschäftigt hier die Frage, ob Minoritäten die Mehrheit beeinflussen können. Kann einer allein eine Mehrheit von seiner Meinung überzeugen? Wenn ja, wie gelingt ihm das? Welche Methoden sind erfolgreich?

Zumindest gelingt eine Mehrheitsüberzeugung im Film. Ein wunderbares Beispiel zur Minoritätsposition und Gruppenkohäsion ist der Spielfilm „Die 12 Geschworenen". In diesem Film wird anschaulich dargestellt, wie ein Geschworener sich gegen die Meinung der Mehrheit auflehnt, nach und nach jeden Teilnehmer anspricht, und von seiner Position zu überzeugen versucht. Schritt für Schritt gelingt es ihm jeden Teilnehmer für seine Erkenntnis zu gewinnen. Alle Denkanstöße werden nochmals ausdiskutiert und offen dargelegt.

Seine Taktik: Koalitionen suchen und mittels flexibler Argumentation auf die Persönlichkeit jedes Geschworenenmitglied einzugehen. Er sammelte Informationen, blieb konsequent, hatte enorme Ausdauer, ein hohes Selbstvertrauen und ein sicheres Auftreten. Mit diesen Attributen und der Beherztheit, den eigenen Standpunkt überzeugend und besonnen zu vertreten, konnte es gelingen die Mehrheit zu gewinnen [29].

Die Geschichte ist voll von Nonkonformisten – also Menschen, die sich keiner Mehrheit anschließen wollen und sich ihre eigenen Gedanken machen. Es gab, und gibt nach wie vor, genügend Gründe ein Abweichler zu werden und sich gegen die Mehrheitsmeinung aufzulehnen. Man denke an die großen Namen wie: Kopernikus, Galilei, Gandhi, Einstein etc., oder an die vielen politisch Engagierten, wie z.B. die Studentenvereinigung „Die weiße Rose", die sich für eine humane gewaltfreie und

---

[29] (http://de.wikipedia.org/wiki/Die_zwölf_Geschworenen)

friedliche Weltpolitik engagierte und eigenverantwortlich tätig wurde.

Sich informieren, aufgeklärt sein, eine eigene Meinung vertreten und den Mut haben Außenseiter zu sein, auch wenn alle anderen der Masse folgen; das sind die Wesensmerkmale von Widerständler und Andersdenkenden. Menschen, die von ihrer Meinungen überzeugt waren, gute Argumente vorlegten und es verstanden, ihre Ansichten überzeugend vorzutragen.

Richtig verstandene Zivilcourage führt dazu gegen Gruppen, die sich als die Besseren und Klügeren darstellen und sich profilieren wollen, zu opponieren. Dass es machbar ist, eindeutig Position zu beziehen, beweisen viele anonyme Helfer, die sich gegen einseitige Meinungen wehren.

In diesem Sinne können überzeugende Gründe dazu beitragen, dass unangemessene Äußerungen gegenstandslos werden. Wie z. B. „Erst kommen wir, dann lange nichts und dann helfen wir vielleicht jenen, die nützlich für uns sind" [30], oder die populistische Formulierung des amerikanischen Präsidenten: „America first" (Aronson et al., 2008, S. 257).

Unterschiedliche Lösungsansätze dienen dazu, Vorurteile aufzudecken und Fehlentscheidungen zu vermeiden. Sie können helfen, falsch verstandenen Autoritätsgehorsam, Deindividuation[31] und Mitläufertum, wahrzunehmen und diesen menschenunwürdigen Regeln nicht zu folgen. Katastrophen der Vergangenheit, Gegenwart und Zukunft bedürfen jener

---

30 Wir Deutschen – Wir Ungarn – Wir Italiener etc.

31 Deindividuation, ein psychischer Zustand verminderter Selbstaufmerksamkeit und sozialer Urteilsfähigkeit (Selbstverlust), der mit einer erhöhten Bereitschaft zu impulsiven, normabweichenden und extremen Verhaltensweisen verbunden ist. Auslösende Faktoren sind Anonymität und Versunkenheit in Gruppen oder Massen.

Mutigen, welche sich dem Unvermeidlichen entgegenstemmen, intolerantes Verhalten und blinde Gewalt ablehnen und dafür argumentativ einstehen.

Welche aggressiven Vorurteile zu Konflikten zwischen Gruppen führen, was blinder Gehorsam und hohe Konformität bewirken, und welchen Einfluss Groupthink auf In- und Outgroups hat, wurde bereits diskutiert. Ebenso konnten durchgeführte Tests belegen, wie Vorurteile politisch gewollt gestreut werden, um Gruppen unterschiedlicher Couleur gegeneinander aufzuhetzen.

Jahrhundertealte Vorurteile, das Ringen nach erhöhtem Selbstwert, Konformitätsdruck usw., führten und führen dazu, Völker zu entzweien, sie auszubeuten und zu etikettieren, zu versklaven, zu mißbrauchen und zu diskriminieren. In Zeiten einer profitorientierten Gesellschaft, werden Strategien der offenen und versteckten Ausbeutung angewandt. Daran beteiligen sich auch demokratisch geführte Staaten. Was wiederum heißt, dass Wirtschaftsmächte hauptsächlich an Ausbeutung und Versklavung beteiligt sind. Korruption ist in Demokratien ein Tabuthema. Gegenüber offener Käuflichkeit in Diktaturen, verläuft Bestechung in Demokratien im Verborgenen.

Das zerrissene Amerika führt uns wirklichkeitsnah vor, was es heißt, einem egozentrischen korrupten Präsidenten zuviel Macht zu gewähren. Sein Schlachtplan der gegnerischen Herabsetzung und Rufschädigung scheint aufzugehen. Lästige Zweifler werden attackiert und aus dem Amt geworfen. Die freien Plätze werden mit gehorsamen Kumpanen und Opportunisten besetzt. Sie würden es nicht wagen, sich gegen diesen Machtpolitiker zu stellen.

Nun ist das amerikanische Volk gefragt. Lässt es zu, dass Fehl- und Falschinformationen die Gesellschaft vergiftet? Ein bestechlicher Größenwahnsinniger die Geschicke des Landes leitet? Oder horcht das Volk auf und wehrt es sich - die Zeit wird es zeigen.

Mutige Einzelkämpfer der Gegenwart sind Enthüllungsmeister, wie Whistleblower oder investigative Journalisten. Sie informieren die ahnungslose Bevölkerung über dunkle Machenschaften und Klüngeleien von Regierung und Wirtschaft. Dieser Mut wird umgehend bestraft – ein bewährtes Mittel: Mundverbot. Nützt diese Maßnahme nicht, wird unter Androhung von Gewalt und Schikane der Waghalsige von seiner Unternehmung abgehalten. Viele Politiker schrecken selbst vor Mord nicht zurück. Gewollter Informationsverlust scheint in unserer aufgeklärten Welt System zu haben.

Die Einzelkämpfer beweisen, neben der eigenen Überzeugung und viel Mut, hohes Durchsetzungsvermögen, unendliche Geduld und Ausdauer. Diese Eigenschaften sind scheinbar die nötigen Voraussetzungen für einen erfolgreichen Widerstand. Prämisse für jeden Widerstand ist die klare Überzeugung, von der Machbarkeit eines gewaltfreien Umsturzes menschenunwürdiger Ideologien, oder inhumanen Politikwesens. Dienlich dabei ist ein gesundes Selbstwertgefühl und genügend Energie, um alle Etappen durchzustehen.

Das Groupthink-Phänomen verstärkt die Annahmen, dass eine gesunde Selbsteinschätzung dazu führt, eine eigene Meinung vertreten und aufkommendem Konformitätsdruck widerstehen zu können. Aber auch fähig zu sein, reflektierend, unterschiedlichen Vorstellungen genügend Raum zu geben. Es wird deutlich, wie wichtig es ist, das eigene Denken zu überprüfen, neue Ideen zuzulassen und mit vielen zu teilen.

Der Informationsgehalt von medienwirksamer Berichterstattung verführt die Mehrheit zu einseitigen Sichtweisen. Für diese Show ist der Täter interessant und die Opfer stehen vollends im Abseits. Wenn rassistisch motivierte Anschläge bagatellisiert werden, der Täter plötzlich selbst als Opfer dargestellt wird, wird es Zeit, gewissenhafter hinzuhören und hinzuschauen. Jedes Opfer motivierter Gewalt hinterlässt eine Familie. Es sind Mütter, Väter und Geschwister, alles Menschen wie Du und ich. Seriöse Medien sollten das Zwischenmenschliche nicht bagatellisieren und nur einer reißerischen Titelseite Vorrang geben. Dazu benötigt es jedoch engagierte freie Journalisten der besonderen Art.

Flüchtenden fehlt die große Mehrheit, bzw. eine signifikante hohe Anzahl an Menschen, die mit ihnen und für sie kämpfen. Doch langsam mehren sich die Stimmen gegen Misshandlung, Diskriminierung, Ausgrenzung, Abschiebung, oder aufgezwungener Verwahrlosung. Als informierte und aufgeklärte Person weiß man, daß es eine Rasse, als Unterschied zwischen den Menschen, nicht gibt. Wir sind unterschiedlich in unserer Kultur - aber nicht als Menschen. Weshalb werden dann nicht „alle" wie „Menschen" behandelt? Und allen die gleichen Chancen zugestanden wie jenen, denen es wirtschaftlich und politisch besser geht?

Eine bessere Welt bedarf der Aufgeklärten, der unermüdlichen Widerständler und auch der unnachgiebigen Widerborstigen.

4.2.1 Handeln ist angesagt

Am Ende lässt sich veranschaulichen, woran soziale Gruppen scheitern und warum es zu Fehlentscheidungen und Missmanagement kommt.

Viele Systeme sind auf einer sozialen Rangordnung (einer hierarchisierten Strategie) gegründet, wodurch Groupthink (Inzucht- bzw. Rudeldenken) verstärkt und Querdenken bestraft wird (siehe: Amerika, Nordkorea, Russland usw.).

Die Folgen sind erstens: Parteiliche Unentschlossenheit und Zerstrittenheit, sowie der Versuch der Banalisierung von heiklen politischen Themen (z.B. Asylpolitik, Bildungspolitik usw.).

Und zweitens: Die andauernde Handlungsunfähigkeit, bzw. die Verzögerung wichtiger Entscheidungen, wodurch Ungleichbehandlung und Chancenlosigkeit von Minderheiten konserviert werden. Handlungsunfähigkeit und Zerstrittenheit erleben wir derzeit international. Wie die deutsche Lösung aussehen wird, liegt an den Bürgern und ihrem selbstständigen Denken und Handeln.

Optionen gäbe es, sie müssten nur umgesetzt werden. Die Gedanken und Vorstellungen von Irving Janis würden einen Paradigmenwechsel darstellen, der nicht nur auf politische Gruppen anwendbar wäre. Soziale Gruppen, wie Lehrer-, Philologen- und Elternverbände, könnten einen öffentlichen Beitrag leisten, indem sie aus dem Mitläufertum, dem Konformitätszwang, der Diskriminierung von Minoritäten, der Banalisierung ihrer Probleme, heraustreten und für positive Veränderungen eintreten würden. Leider geschieht das Gegenteil.

Z. B. protestieren Elternverbände weiterhin gegen die Aufnahme von ausländischen Schülern in ihren Klassen, und der Vorstand des Philologenverbands unterstützt diese pauschalierten Äußerungen mit dem Argument, dass zu viele „Ausländer" in einer Klasse zu schlechteren Leistungen führen würden, obwohl bekannt sein dürfte, dass dieses Vorurteil längst wissenschaftlich widerlegt wurde (R.S. de Nagell, 2024).

Diese direkte Form von offener Diskriminierung von Minderheiten entspricht der Suche nach dem Sündenbock. Um Änderungen zu rassistischen Vorurteilen herbeizuführen, sollte selbst den letzten Zweifler, angesichts der Beweislage, klar geworden sein, dass es die auserwählte Rasse im Sinne von der Deutsche, der Italiener, der Amerikaner, der Araber, der Chinesen usw. nicht existiert. Rassenkategorisierung ist reinster Aberglaube und eine gern benutzte Metapher für sogenannte Herrenmenschen.

Diese unheilvolle Praxis scheint sich im aufgeklärten Zeitalter des 21. Jh. neu zu entfachen. Mögen Herz und Verstand wieder Einzug halten im menschlichen Miteinander, sodass Gruppierungen mit finsteren Absichten kein Nährboden bereitet werden kann.

Der Stammbaum des Menschen ist ebenso vielfältig, wie er selbst, auch wenn viele das nicht wahrhaben wollen. Schon alleine deshalb sollte der ständigen Unterscheidung, zwischen Ethnien, ein Ende gesetzt werden. Kulturelle Unterschiede würden dann eher toleriert und akzeptiert werden. Dann gäbe es keinen Grund mehr, irgendeiner rassistischen Ideologie zu folgen. Populisten hätten keine Plattform für ihre Denken - die Menschheit könnte sich dann auf wesentliche Dinge konzentrieren. Z.B. die Abschaffung von Grenzen und Massentierhaltung.

Ein weiteres dringliches Thema wäre der geschärfte Blick auf die Umweltpolitik und die Auflösung von Sklaverei und Kinderarbeit. Alles Aufgaben, für die wir Zeit investieren und uns engagieren sollten.

5. Das Vorurteil im Alltag

Anbei nun jene Fallbeispiele, welche an mich herangetragen wurden bzw. ich selbst recherchiert habe. Erwähnenswerte Zwischenfälle aus der Praxis, die vorangegangene Theorien bestätigten.

Diese Denk- und Lösungsansätze alleine helfen nicht, in kritischen Situationen angemessen zurechtzukommen. Unmittelbare Konfrontation und persönlichen Erfahrungswerte sind es, die letztendlich Theorie und Praxis vereinen.

Die nun folgenden Schilderungen der Wirklichkeit, sind keine Einzelfälle - im Gegenteil. Besorgniserregende Missstände, im eigenen Land, müssen angesprochen werden und bedürfen jener Vorurteile, welche uns dazu veranlassen tätig zu werden.

Es gibt Situationen, in denen Zivilcourage erforderlich ist. Standhaft bleiben besonders dann, wenn die Würde des Menschen (auch der Tiere) verletzt wird. Egal, ob das engagierte Eingreifen mit viel Unannehmlichkeiten und Mühen verbunden ist. Die Welt ist voll von möglichen Einsatzorten, die ein beherztes Durchgreifen benötigen. Sei es, dass es sich um den unbeirrten Einsatz in der Welt der Schutzbefohlenen, der Hilfsbedürftigen, oder Ausgebeuteten geht. Es erfordert standhaften Mut korrupten Systemen; z.B. diskriminierende Behörden oder Institutionen, politischen und sozialen Klüngel-Verbänden; entgegen zu treten. Gebiete persönlichen Engagement gibt es in unserer Welt reichlich.

5.1 Die Würde des Menschen ist unantastbar

Diese wohlklingende Formulierung sollte die Voraussetzung sein, eine menschenwürdige, demokratische und freie Gesellschaft zu gründen. Deshalb hat dieser Satz den ersten Platz im Grundgesetz erhalten[32]. Doch was ist daraus geworden? Die Vorgabe, der Unantastbarkeit der Würde des Menschen, steht scheinbar nur noch auf dem Papier. Menschen werden versklavt, Kinder vergewaltigt, Tiere als Ware behandelt, usw. Die Latte der Anklagen ist enorm. Wofür sollte also dieser berühmten Satz stehen?

Nochmals zum Anfang: Jeder hat Vorurteile! Einige Vorurteile warnen vor Gefahren, verhelfen Recht von Unrecht zu unterscheiden. Ich nenne diese „nützliche Vorurteile". Nützliche Vorurteile befähigten unsere Ahnen zu aufrechter Teilnahme, zu Rebellentum und Eigeninitiative. Darüber hinaus zu Wegbereitern bedeutsamer Erkenntnissen. Zwischenmenschlich können diese „nützlichen" Vorurteile jeden dazu befähigen, Freundschaften zu bilden und Empathien zu entwickeln, sodass das Monster in uns friedlich bleibt.

Für eine abgehängte Gruppe von Menschen erweist sich dieser „Artikel 1" des Grundgesetzes (gefühlt) als gegenstandslos. Einst hatten die „Alten" hohes Ansehen und wurden respektvoll ihres Lebenswerkes gewürdigt. Diese Einstellung veränderte sich grundlegend. Alt sein heißt heute nutzlos sein. Der Alte dient nur noch als zahlende Ressource für unterschiedlichste Einrichtungen und Verbände. Doch seit geraumer Zeit verstärkt sich ein altes Gespenst: Das Gespenst der Enteignung.

Nicht nur, dass die hart erarbeitete Rente einigen kaum zum Leben reicht, nun tut sich vermehrt die Kritik auf, dass es Betrügern äußerst leicht gemacht wird, ältere Bürger aufs Kreuz zu legen. Sie bringen die

---

32 https://de.wikipedia.org/wiki/Artikel_1_des_Grundgesetzes_f%C3%BCr_die_Bundesrepublik_Deutschland

Senioren unrechtmäßig um ihr harterarbeitet „Hab und Gut". Diese Menschen sind Parasiten der Gesellschaft, denen jedes Mittel recht ist, um sich zu bereichern.

5.2 Das Vorurteil „Alt"

Jeder Mensch ist es Wert, für dessen Würde und Freiheit, zu kämpfen und jeder Einzelne zählt. Wenn Missstände an die Öffentlichkeit müssen, dann sollten diese bedingungslos aufgeklärt werden. Vorwiegend jene Handlungen, die gerne totgeschwiegen werden. Eine klare und deutliche Berichterstattung zu offengelegten Blamagen wäre hilfreich.

Der Skandal schlechthin, und passt zu gegenwärtigen Tabuthemen, ist der Umgang mit Senioren. Hier wären schon längst vielfältige Korrekturen notwendig. Das Spektrum der Diskriminierungsarten befindet sich diesbezüglich auf höchsten Niveau. Beginnend mit der armseligen Gesundheitsreform, über diskriminierende Gesetze, bis hin zur beklagenswerten politischen Staatsführung.

Die „Weisen" unserer Zeit werden in Stich gelassen und übersehen. Internet und Co. macht der Jugend glaubhaft, alles zu wissen und zu können. Die Alten des 21. Jh. haben ihre Ehrwürdigkeit verloren. Sie sind nicht schuld daran. Es ist eine kapitalistisch geprägte Welt, in der das Vorurteil Alter eine Last ist und keine Bereicherung. Ein grober – ja fahrlässiger – Irrsinn: Die Erfahrungen der Alten kann kein Internet ersetzen. Lebenserfahrung ist nicht „anlesbar", wie manche glauben.

Ohne Frage gibt es Missstände, gegen die einiges unternommen werden muss. Diese müssen vorgetragen und publiziert werden. Auf keinen Fall dürfen besorgniserregende Mängel verschwiegen, oder unter den Tisch gekehrt, werden. Wenn es um Menschenrechtsverletzungen geht, ist jeder aufgerufen, diese umgehend zu melden. Viele taten das auch, wurden jedoch von Arbeitgeber und Kollegen, oder auch von Behörden, demoralisiert und bedroht (oftmals mit fristloser Kündigung). Aufgrund ihrer Zivilcourage erlitten jene Helden den Zustand der Arbeitslosigkeit und Ohnmacht. Man möchte sich hinsichtlich solchem Vorgehens tatsächlich fragen, in welchem Zeitalter wir leben.

Mal abgesehen von den beklagenswerten Missständen in Altersheimen und im alltäglichen Zusammenleben, hat sich eine erprobte Ausrichtung von Unmenschlichkeit verbreitet. Wer heute alt wird, kann sich nicht zurücklehnen und sich auf den wohlverdienten Ruhestand freuen. Nein, er sollte wachsam bleiben, vor allem wen er alleine die letzten Tage seines Lebens in seinem Haus verbringt.

D.h. gerade Vorsorge für die späten Jahre, führt dazu, skrupellose Banditen ins Haus zu locken. Die Alten werden nicht mehr als „Menschen" und „Wert ansich" betrachtet, sondern nach ihrem pflegerischen Aufwand. Banal ausgesprochen heißt das: Spare fürs Alter, damit du dir einen „vertrauenswürdigen" Pflegeplatz leisten kannst. Der Rentner von heute, spart nicht für ein würdiges Rentendasein, sondern nur noch für eine annehmbare Bleibe.

Sozial-Politisch sind die neuesten Entscheidungen einer Rentenreform bedenklich. Sie lassen wieder einmal den wahren Bedürftigen aussen vor und begünstigen lediglich jene, denen es gar nicht so schlecht ergeht. Die sogenannte Altersarmut wird damit jedenfalls nicht ausgeglichen. Für ausführliche Informationen, zu genau diesem Thema, kann ich nur den lobbyistenfreien Beitrag vom Sender „Alpha Demokratie" (BR alpha) vom 03.03.21 empfehlen[33].

Eine kaum erwähnte und doch sichtbare Ungerechtigkeit beherrscht ebenso den routinierten Ablauf der Altenpflege. Hier geht nicht um die Ärmsten, sondern um jene, die sich ein wenig Hab und Gut erarbeiten konnten und nun ihres Lohnes rücksichtslos bestohlen werden.

Der Ruheständler mit Eigenheim könnte glücklich sein und sich beruhigt zurücklehnen. Sobald jedoch jene Altersschwächen hervortreten, welche autarkes Handeln nicht mehr möglich macht, wird der „Rentner" als Kapitalanlage betrachten. Immer mehr Scharlatane haben die vordergründig lukrative Quelle – den Rentner – für sich entdeckt[34].

In diesem Moment wird wieder, irgendwo, ein Rentner seines Hab und Gut beraubt. Ein riesiges Spinnennetz mafioser Geschäfte hat sich um dieses Thema gespannt. Ihre Masche: „Einschmeicheln – entmündigen – enteignen". Dabei beschleicht mich der Eindruck, dass die Alten nicht nur als Kapitalanlage für Erbschleicher und Co. betrachtet werden, sondern ebenso wie Antiquitäten gehandelt werden. Je nach Verkehrswert, fällt die Fürsorge aus.

Unbehelligt werden betagte Menschen belogen, betrogen, bei Widerstand weggesperrt und ihrer Rechte beraubt. Vom Gesetz weder geschützt, noch verteidigt. Unser Staat lässt es zu, dass sich Gauner am schwer erarbeiteten Eigentum anderer bereichern. Sieht so unsere neue

---

33 https://www.br.de/mediathek/video/alpha-demokratie-03032021-wie-gerecht-ist-die-grundrente-av:5fc7bc208490d20013a71aa7

34 Hierzu muß ich ergänzen, daß hauptsächlich im ländlichen Raum der Pflegefall von Gesetz und Politik in Stich gelassen wird.

Welt aus? Unsere moderne Gesundheitsreform lässt es zu, dass Grundsätzliches mit Füßen getreten wird. Nämlich das im Grundgesetz festgeschriebene Recht auf die „Unantastbarkeit der Würde des Menschen".

Leben wir tatsächlich noch in einer Demokratie, wenn die ersten Artikel des Grundgesetzes still und heimlich hintergangen werden? Ist es politisch gewollt, dass Rentner sämtliche Ansprüche verlieren?

Es wird den Geldgierigen bequem gemacht. Das kleinste Anzeichen von Altersvergesslichkeit wird sofort umformuliert und als schlimmste Demenz von den Verantwortlichen attestiert. Manchmal reicht nur ein Widerwort des Rentners aus, um unwürdiges Handeln zu rechtfertigen. Dass Menschen umstandslos enteignet werden können, erinnert an Raubrittertum, Wegelagerer und Erbschleicher. Die Möglichkeit, dem Rentner sein Hab und Gut einfach so abzuschwindeln, ist schon ein Unding schlechthin. Das dürfte nicht erlaubt und müsste strengstens geahndet werden[35].

Jeder Mensch hat das Recht, in seinem Hause verweilen zu können. Die Möglichkeiten der Pflege im Notfall sind allgegenwärtig und bedürfen keines Altersheims. Aber das ist nicht gewollt. Obwohl Altersheime enorme Kosten verursachen, werden die Menschen einfach dorthin abgeschoben – von ihren angeblich so liebenswerten Betreuern.

Die wiederum haben nichts Besseres zu tun, als schnellstens die Enteignung zu veranlassen. Man muss wohl kein Abitur besitzen, um zu erkennen, welche Arglist hier dahintersteckt. Wenn man dann noch erfährt,

---

[35] Hier handelt es sich nicht um Hören-Sagen, sondern um handfeste Beispiele, welche mir von seriösen freien Pflegeeinrichtungen nachweislich geschildert wurden.

dass selbst der „seriöse" Rechtsanwalt seine Finger mit im Spiel hat –
dann, glaube ich, verliert man jedes Vertrauen in diesen Staat. Nachdem
nun auch noch die Sterbehilfe legitimiert wurde, möchte man sich gar
nicht ausmalen, welchen lohnenden Gelegenheiten Tür und Tor geöffnet
wurden.

Allen Wegsehern und Weghörern zum Trotz: Momentan sind es die Alten. Wer kommt als Nächstes? Hat sich das mal jemand gefragt? Menschen zu enteignen, ist der erste Schritt. Es dauert einen Wimpernschlag,
bis andere in den Fokus der Habgier und Willkür geraten.

5.3 Das Klischee „Camp"

Praktische Erfahrung sammelte ich während meiner langjährigen Tätig-
keit in verschiedenen Camps für UMF (unbegleitete minderjährige
Flüchtlinge) und Flüchtlinge. Dabei sind mir unterschiedliche Typen von
Vorurteilsträgern begegnet.

Es gab jene, die mit viel Engagement versuchten, die Lage der Jugendlichen zu verbessern, indem sie ihre Hilfe anboten, Kleidung spendeten,
den Jugendlichen die neue Umgebung zeigten. Alle diese Helfer inves-
tierten viel Zeit und bewiesen, dass ein friedliches und freundliches Nebeneinander möglich ist.

Trotzdem kommt es hin und wieder auch zu direkten als auch indirekten
Diskriminierungen von Einzelnen. Und es gibt auch jene, die zweigleisig
fahren. Sie partizipieren einerseits von den Schutzsuchenden und andererseits lästern sie über dieseDas Camp stellt ein Lager für alle Flüchtlinge dar - egal, aus welchem Land sie nun eintreffen. Das Wort „Camp"
suggeriert eine Lagerfeuerromantik, es verbreitet den Eindruck, alles ist

super – allen geht es bestens.

Fakt ist, dass diese Unterkünfte lediglich kleine Wohneinheiten zur Verfügung stellen, die aus Containern zusammengebaut wurden, oder eigens dafür sanierungsbedürftige Häuser und Hotels vorbereitet wurden.

In den Jugendcamps fristen, im notdürftig möblierten Saal, mehrere Personen ihr geduldetes Dasein. Da gibt es Pseudo-Camps, bestehend aus einer maroden Baracke, welche eigentlich abgerissen werden sollte[36]. Neben Aufenthalts- und Essensraum gibt es riesige Schlafsäle, in denen sich oft zehn, nach Bedarf noch mehr Flüchtlinge, aufhalten und schlafen. Welcher Nationalität sie nun entspringen, darauf wird nicht geachtet.

Flüchtend vor Verfolgung, Vergewaltigung, Folter oder Mord, versuchen viele Gruppen aus den verfeindeten Regionen zu entkommen. Mehrheitlich ist der Verlust von Geschwistern, Eltern und Verwandten auf beiden Seiten hoch[37]. Diese traumatisierten Menschen erreichen mühselig das Land ihrer Wahl. Im fremden Land angekommen, stehen sich die Fron-

---

[36] Ich habe selbst miterleben, wie eine uralte Baracke, fast 3 Jahre gewinnbringend für den Mieter, als Unterkunft für minderjährige Flüchtlinge genutzt und danach schnellstens abgerissen wurde. Besagte Stelle ist heute ein Parkplatz. Ein sanierungsbedürftiges brachliegendes Hotel wurde von Behörden angemietet, verschlingt Summe von Steuergeldern, und es leben kaum Menschen darin. Im gleichen Atemzug wurden die privaten Vermietungen rigoros abgeschafft. Den engagierten Vermietern, und hier spreche ich von Wohneinheiten im kleinen Rahmen (1 - 3 Zimmer), stellte sich eine unbarmherzige Behörde gegenüber, welche vor Drohungen nicht zurückschreckte. Das Ziel: alle privaten Klein-Vermieter zur Kündigung ihrer Verträge zu zwingen. Viele Vermieter stellten nicht nur ihre Räumlichkeiten zur Verfügung, sie halfen den Menschen unentgeltlich mit den bürokratischen Anforderungen. Der Staat hatte sich hier viel Geld eingespart. Welches er heute, aufgrund gemieteter halb leerer Objekte, mit vollen Händen wieder rauswirft. Für jene, die diese riesigen Objekte ihr eigen nennen können, ist es die Goldader schlechthin.

[37] Im Gespräch mit Flüchtlingen erzählte man mir: Mein minderjähriger Bruder wurden vor meinen Augen von Milizen erschossen. Meine kleine Schwester wurde vor meinen Eltern entehrt und dann entführt. Tiere aßen die herumliegenden Leichen, sodaß wir Angst vor ihnen hatten, usw.

ten abermals gegenüber. Zwangsläufig muß es zu hitzköpfigen Auseinandersetzungen kommen, wenn sich die zerstrittenen Parteien abermals gegenüberstehen und in einem Raum schlafen sollen.

Egal, aus welchem Land der oder die stammen, überall werden Vorurteile generiert. Ich habe Flüchtlinge erlebt, denen Deutschland, von den Fluchthelfern, als „Land in dem Honig fließt" beschrieben wurde. Die Enttäuschung in den Gesichtern war groß, nachdem sie feststellen mussten, dass es auch hier nichts umsonst gibt. Viele arrangierten sich. Aber es gab auch jene, die sich von ihrem Vorurteil nicht abbringen lassen wollten. Vehement forderten einige ihren Anteil am schönen Leben. Doch mehrheitlich bemühten sich die „Neuankömmlinge". Regelmäßig frequentierten sie den Sprachunterricht, bemühten sich um eine gute Zusammenarbeit, halfen wo sie konnten.

Auf der Seite der Einheimischen gab es jene, die mit viel Engagement versuchten, die Lage der Jugendlichen zu verbessern. Sie boten ihre Hilfe an, spendeten Kleider, oder zeigten den Jugendlichen die neue Umgebung. Alle diese Helfer und Helferinnen investieren viel Zeit und bewiesen, dass ein friedliches und freundliches Nebeneinander möglich ist. Die Praxis zeigt gleichzeitig, daß Diskriminierung, gegenüber den Bewerbern, alltäglich und überall stattfindet. Manche fahren zweigleisig. Einerseits profitieren sie von den Flüchtenden, andererseits lästern sie über die Schutzsuchenden.

Politiker sprechen von hohen Haushaltsausgaben für Flüchtlinge. Allerdings wird nebenbei verschwiegen, dass trotzdem der ökonomische Nutzen für Handel und Wirtschaft ansehnlich ist. Darüber bewahren Politiker und ihre Profiteure selbstverständlich Stillschweigen. Und einige erwirtschaften tatsächlich ein beträchtliches Vermögen – zum richtigen Zeitpunkt am richtigen Ort, mit den richtigen Beziehungen - mehr braucht man nicht.

Gerade die Wohnungssituation bescherte, dem einen oder anderen, einen ungeahnten Geldsegen. Verrottete Häuser, Hotels, oder andere schäbige Einrichtungen, wurden kurzerhand zu Flüchtlingsheimen umfunktioniert. Eine willkommene Goldgrube für die Eigentümer und vor allem für jene, die von ihren persönlichen Kontakten zu wichtigen Behörden profitieren - das sogenannte „Vitamin B" für lukrative Geschäfte.

Auch Subunternehmer konnten sich auf höhere Verkaufszahlen freuen. Da schließlich für den „Fremdzuwachs" zusätzlich Genussmittel eingekauft werden mussten. Neben professionellen Zulieferern sind es jene kommerziellen Versorger, von nebenan, die für die primären Bedürfnisse aller Sorge tragen.

Mal von alle dem abgesehen, beherrschen vielerorts Antipathien das Miteinander. Solche Ressentiments existieren aufgrund finanzieller und ökonomischer Ängste. Nebulöse Vorurteile, welche weder bestätigt noch zutreffend sind. Im Gleichklang dazu die Skeptiker, welche den Sinn und Zweck, Flüchtlinge aufzunehmen und zu beherbergen, anzweifeln. Alles in allem eine bunte Mischung aus Nutznießern, Schwarzsehern und Befürwortern.

Was kann man tun, wenn man mit solchen Vorurteilen konfrontiert wird? Nun, die vorangegangenen Theorien, das Wissen um das Vorurteil, geben uns die Möglichkeit, ein besseres Verständnis aufzubringen und vorgefasste Meinungen richtig einzuordnen. Mutig Missstände anzusprechen ist Sinn und Zweck menschlichen Zusammenlebens. Auch wenn man womöglich zunächst einmal alleine dagegen aufbegehrt.

Dabei geht es nicht darum, dass jemand in einem Moment des Unmutes schimpft, oder seinem Unmut freiem Lauf lässt – das kommt immer mal vor und ist menschlich. Nein; es betrifft all jene, die rassistische, intolerante und nutzbringende Vorurteile versteckt und offen pflegen. Opportunisten, die aus Notlagen ihren Gewinn ziehen, als auch unverbesserliche Nationalisten, oder einfach nur selbstverliebte Angeber, die aus sozialen Notlagen Profit ziehen wollen.

Manch einer denkt gar nicht darüber nach, was er unreflektiert von sich gibt. Es ist und bleibt für mich ein Rätsel, wie es sein kann, dass ein Zulieferer für Essen einerseits vorab (für eine ziemlich lange Zeit) ein finanziell gesichertes Einkommen hat, andererseits in die Einrichtung kommt und sich über die „Asylanten" beschwert[38]. Es fallen Sätze wie: „Müssen das so viele sein" - „Sind das alles Prinzen" - „Die verschwenden unsere Ressourcen" usw. Ich könnte hier noch einiges anführen.

Andere Länder andere Sitten heißt es. Das gilt auch für jene, die aus muslimischen Ländern bei uns einreisen. Als Essenslieferant für Muslime müsste man sich darauf einstellen, dass hier andere Maßstäbe gelten. Jede Kultur ist bezüglich ihrer Wünsche und Vorstellungen von Nahrungsaufnahme anders geprägt -- hat eigene tradierte Vorurteile. Was aber tun, wenn dem Lieferanten genau diese Einsicht fehlt?

---

[38] Ähnliche Erfahrungen musste ich mit Discountern machen – hier wurden offen (teilweise in Anwesenheit von Migranten) diskriminierende Aussagen gemacht und ich musste vehement dagegen anreden – ob es geholfen hat, weiß ich nicht – die Migranten waren jedoch sichtlich froh, jemanden an ihrer Seite zu spüren.

Mehrmals und nachdrücklich musste darauf hingewiesen werden, die richtigen Mahlzeiten auch zur Verfügung zu stellen. Prompt folgte vom Lieferanten der Ausspruch: „Sind das alles Prinzen – die sollen sich gefälligst an unsere Essgewohnheiten anpassen". Derweil geht es eher um banale Dinge, wie z. B. um Fladenbrot, oder mehr Gemüse und Obst. Gerade Pita ist mittlerweile auch bei uns ein gängiges Produkt. Trotzdem scheint die Beschaffung zu mühsam oder störend zu sein.

Meine Versuche, dem Mann mehr Informationen über die Bewohner des Hauses zukommen zu lassen, schlugen fehl bzw. blieben ungehört. Selbst die Geschichte der dramatischen Flucht etlicher Camp-Bewohner führte nicht zu mehr Verständnis. Im Gegenteil, die Gegenargumente wurden immer bizarrer. Welche Wahl bleibt hier, außer sich zurückzuziehen? Aber das wäre der falsche Weg. Rückzug hieße sich dem Schicksal zu beugen und das Geschehene einfach zuzulassen. Quasi die Diskriminierten sich selbst zu überlassen. Das kann es auch nicht sein.

Ich änderte meine Strategie und überlegte mir eine andere Beweisführung. Beim nächsten Treffen wiederholte ich die Problematik der Mahlzeiten. Der Lieferant sollte sich vorstellen selbst „Flüchtling" zu sein. Ihn verschlägt es in ein exotisches Gebiet, welches vorzugsweise als Nationalgericht „Schafsaugen und Schlangen in Soße" serviert. Und im gleichen Atemzug heißt es: „Das ist unser Gericht, daran musst du dich halten. Etwas anderes gibt es nicht". Wie käme er sich nun vor, wenn ihm nichts anderes übrig bliebe, um nicht zu verhungern, als dieses Essen zu akzeptieren. Was wäre nun? Wäre er dann auch der „Prinz", weil er das Essen verweigert?

Bestimmt wird es jetzt einigen bei dieser Vorstellung übel. Die Intoleranten sollten sich vorstellen, welcher Brechreiz vermutlich bei Muslimen erzeugt wird, allein bei dem Gedanken, Schweinefleisch[39] essen zu müssen. Sich selbst einmal auszumalen etwas essen zu müssen vor dem es einen graut, hilft, mehr Sensibilität im eigenen Denken auszulösen.

Immerhin schaffte ich es, den Mann für einen Augenblick nachdenklich zu stimmen. Ihm fiel dazu auf die Schnelle nichts mehr ein. Es war mir geglückt, ihn dazu anzuregen, einmal innezuhalten und nachzudenken. Ein kleiner Erfolg. Ob von ihm dieser fiktive Gedankenansatz weitergedacht wurde, weiß ich nicht. Wie auch immer, es war ein kleiner Etappensieg zum nächsten Schritt.

Manchmal jedoch nützt die beste Argumentation nichts, wenn die Einsicht fehlt. Wir können froh sein, dass der jüngeren einheimischen Generation das Leid erspart geblieben ist, welches derzeit die vielen Flüchtlinge durchmachen. Gerade deshalb müsste man doch annehmen, dass wir das Glück mit anderen, die zurzeit nicht so viel Glück haben, gerne und bereitwillig teilen würden. Wozu also diese Ängste? M. E. ist für alle genug da. Die beherzten Aktionen von Frau Merkel zeugen von einer Wiedergutmachung vergangener, nicht allzu rühmlicher, Zeiten.

Was uns noch erwartet und wie letztendlich die Integration der Neuankömmlinge aussehen wird – das steht noch in den Sternen.

---

39 In diesem Fall kann ich nur von einem Glücksschwein reden. Oder salopp: Schwein gehabt. Hierzulande kann man überwiegend von einem armen Schwein sprechen. Der hirnlose und massenhafte Verbrauch, dieses bedauernswerten Tieres, schreit zum Himmel. Wo sind die Meiden oder Tierschützer? Von den unmittelbar Beteiligten, den Veterinärärzten, die Vorort die Massenhaltung mitansehen und die Schlachthöfe aufsuchen, hört man kein Wort. Welch armseligen Konformisten sie nur sind! Die Lobby der Bauernverbände ist anscheinend zu bedrohlich – auch bezüglich politische Engagement!

5.4 Die Voreingenommenheit „alleinerziehend"

Bisher gar nicht erwähnt wurde der Sinn für etwas Selbstironie und Humor. Zeitweise kann es gelingen, mit etwas Witz und Humor, eine verfahrene Situation aufzulockern. Mit der richtigen Portion Gelassenheit und dem nötigen Selbstbewusstsein können alltägliche, sich wiederholende, Banalitäten auch zum Nachsinnen ermuntern.

So sprach mich eine junge Frau mit vier Kindern an. Sie schilderte mir ihre augenblickliche Lage und war deshalb ziemlich deprimiert. Ihr Problem: Sie hat vier Kinder und ist alleinerziehend. Ein Status, der anscheinend einige Menschen dazu verleitet, diese Frau zu kränken, sie als asozial zu beschimpfen und – als Höhepunkt – nachzufragen, ob jedes ihrer Kinder einen anderen Vater hätte.

Ehrlich gesagt ist das nicht nur ein Affront, sondern ein massiver Eingriff in die Integrität der jungen Frau[40]. Solche voreingenommenen Begebenheiten stellen keine Ausnahme dar. Was kann die Frau nun tun?

In diesem Fall dachte ich, mit etwas beißendem Humor könnte man den Ball zurückwerfen. Sollte also die Frage nochmals auftauchen, wie viele Väter hier im Spiel waren, würde ich antworten: „Nun, der ist von einem Pinguin, der – das kann man gut erkennen – von einer Giraffe, der andere, an der Mähne zu erkennen, von einem Löwen" usw.

Die junge Frau musste selbst über dieses Bild lachen und ich versicherte ihr, diejenigen, welche solche unüberlegten Äußerungen von sich geben, würden zumindest für einen Moment verdutzt sein und innehalten. Den

---

40 Erstaunlich, dass alleinerziehende Väter in diesem Maß von ihrem sozialen Umfeld kaum angepöbelt werden.

Klügeren unter ihnen wird womöglich ihre dumme unüberlegte Frage selbst auffallen, und sie werden in Zukunft solche Anspielungen lassen. Dieses Beispiel soll zeigen, dass in Alltagssituationen ein Quantum Humor ebenso zum Erfolg führen kann.

Zu guter Letzt sei gesagt, dass jeder Mensch dazu befähigt ist umzudenken, um neue besonnene Wege einzuschlagen. Die größte Herausforderung dabei sind gute Informationen und der Wille einen eingeschlagenen Kurs zu ändern. Erfolgversprechend dabei ist, den eigenen kognitiven Geizhals abzuschalten und zu erkennen, dass sich jeder verbessern und verändern kann.

Aber auch die Einsicht und Erkenntnis, dass wir alle Menschen sind und keiner es verdient hat, entsetzliches Leid durchzumachen, wie es derzeit die Alten, Flüchtenden, Außenseiter und Unangepassten erleben.

Viele Organisationen haben sich angesichts dieser enormen Aufgaben gebildet und neu gegründet. Es wird Beachtliches geleistet und es wurde vieles in die Wege geleitet. Mögen die zahlreichen privaten Helfer, die Engagierten in Kommunen und Landesbehörden nie aufgeben. Vor allem aber den Unverbesserlichen Paroli bieten!

6. Summa summarum

Alles in Allem gilt für jedes Individuum – für alle Geschöpfe auf diesem Planeten – jedes ist einzigartig und speziell. Ihr reichhaltiger Genpool vereint alle Stärken und Schwächen. Bei alldem ist die schöpferische Vielfalt enorm. Nicht einer gleicht im Wesen und im Denken dem anderen. Diese erstaunliche Individualität macht uns unverwechselbar und beeinflusst spürbar unser Denken und Handeln. Ein bewundernswertes Phänomen.

Es heißt: Mut steht am Anfang des Handelns. Um adäquat auf diskriminierende Aktionen reagieren zu können, sollte jeder seine Stärken und Schwächen ausloten. Die vielfältigen Stärken und ebenso notwendigen Schwächen stellen in ihrem Zusammenspiel eine energievolle Einheit dar – sei es im rhetorischen, handelnden, kreativen oder sinnlichen Tenor. Und kling es auch unglaublich, unsere Schwächen brauchen wir, ebenso wie unsere Vorurteile.

Z.B. die Angewohnheit immer an einen unredlichen Mann zu geraten, deprimiert einerseits sehr, jedoch optimistisch gesehen, lernt jene Lady die Männer besser kennen, und eines Tages durchschaut sie deren Launen. Frauen, die sich in der Männerwelt nicht unterbuttern lassen und sich ihnen gegenüber behaupten können, haben sicherlich aus ihren Erfahrungen gelernt und ihre Schlüsse daraus gezogen. So ist aus der weiblichen Schwäche eine Stärke geworden.

Anderes Exempel. Noch immer werden Mädchen geschlechtertypisch erzogen. D.h. ein Mädchen hat lieb zu sein, soll ruhig sein, darf nicht aggressiv und zu selbstsicher sein. Eine folgenschwere Erziehungsmaßnahme, da die weiblichen Heranwachsenden keinen stabilen Selbstwert und kein stabiles Selbstbewusstsein entwickeln können.

In vielen Ländern steht die Unterjochung der Frau an erster Stelle der männlichen Selbstverherrlichung. Auch hierzulande gilt nach wie vor, Gleichwertigkeit ist nicht erstrebenswert. Männer beherrschen diese Welt und das soll gefälligst so bleiben. Sexismus, verbale Entgleisungen, Respektlosigkeit sind die ständig wiederkehrenden Vorwürfe, die zu erwähnen sind.

Gegen körperliche Gewalt sollte bereits im Grundschulalter den Mädchen die Gelegenheit gegeben werden, an Selbstverteidigungskursen teilnehmen zu können. Frauen wären dann eher in der Lage sich gegen verbale und tatkräftige Aggressionen zu wehren.

Zu wissen, welche Macht selbstbewusste Körperhaltung und beherztes Handeln haben, kann von riesigem Vorteil sein. Das konnte ich während meiner Selbstverteidigungskurse, welche ich ausschließlich für Frauen abgehalten habe, immer wieder erleben. Alleine das Bewusstsein, sich wehren zu können, verleiht bereits eine gestärkte Körperpräsenz. Eine erlernte Schwäche kann somit anhand einstudierter Stärke kompensiert werden.

Aus meinen Kursen, welche ich an der VH (Volkshochschule Erding) durchführte, weiß ich, daß die Frauen und Mädchen erstaunt darüber waren, wie dienlich allein die körperliche Präsenz sein kann.

Im Selbstverteidigungskurs wird anfangs daran gearbeitet, das äußere Erscheinungsbild zu stärken. Aufrechtes und selbstbewusstes Auftreten verleihen schon einmal eine selbstbewusste Verteidigungsabwehr gegenüber eventuellen Angreifern bzw. Verfolgern. Weitere psychologische, als auch tatkräftige, Übungen können dazu beitragen, zumindest die Opferrolle abzulegen. Hier müsste in der Bevölkerung noch einiges in Gang gesetzt werden, damit Frauen überall als vollwertige und gleichberechtigte Persönlichkeiten geschätzt werden.

Gemeinsam sind wir stark heißt es. Das gilt nicht nur für Allianzen, sondern ebenso für unsere Begabungen und Handicaps. Beides sinnvoll eingesetzt, können einiges bewegen.

Da alle Ausstattungsmerkmal kaum gleichzeitig auftreten und einem Menschen anhaften, ist es wichtig, Bündnisse zu schmieden, um gemeinsam wirkungsvoll zu sein.   Wer Großes bewirken möchte, muss sämtliche Kräfte bündeln, um berücksichtigt zu werden. Zudem ist dieses „gehört werden" durch ein bestimmtes Quantum Glück bedingt. Denn nicht jeder hat die Chance, genau jene tatkräftigen Menschen vorzufinden, die er für die Umsetzung seiner Ideen bräuchte.

Spontan fällt mir dazu im schöpferischen Bereich van Gogh ein. Seine Kunstwerke, einst verschmäht und belächelt, erzielen heute Milliardenbeträge. Jedem Widersacher zum Trotz blieb van Gogh sich treu. Genau das macht Persönlichkeit aus, sich nicht verbiegen zu lassen.

D.h. eine Idee, eine Berufung oder Bestimmung, nicht wegzuwerfen, sondern alles daran zu setzen, diesen Traum Wirklichkeit werden zu lassen.

So gesehen, überraschte mich eine liebe Freundin, welche sich spontan dazu entschied, Medizin zu studieren. Das besondere daran war ihr bereits fortgeschrittenes Alter. Sie ließ sich nicht abhalten und, allen Un kenrufen zum Trotz, verwirklichte sie ihren Traum. Sie schaffte es und ist heute für „Ärzte ohne Grenzen" tätig.

Man darf sich von dem gängigen Vorurteil „zu alt" oder „zu dumm" zu sein nicht abhalten lassen. Blicken wir doch mal nach Amerika. Der neue, als auch der alte, Präsident scheinen nicht zu gebrechlich zu sein, um ein ganzes Land zu regieren. Oder denkt man mal an Adenauer - im hohen Alter schaffte er es, die Wirtschaft, mit Anstand, wieder zu anzukurbeln.

Keiner stört sich am Alter dieser Führungspersönlichkeiten. Wieso dann, wenn es die Allgemeinheit betrifft – den Nachbar oder Freund? Alles überkommene Vorstellungen, die davon abhalten, sich selbst zu verwirklichen. Tun, was schon immer ein klammheimlicher Wunsch war, ist mitnichten lächerlich. Auf dem Sterbebett ist es tatsächlich zu spät. Fazit: Für die eigenen Wünsche ist man nie zu dumm oder zu alt!

Wie in den vorangegangenen Kapiteln dokumentiert, wird es immer Vorurteile geben. Ob Aktivisten, Künstler, die Hautfarbe eines Menschen, der kulturelle Hintergrund, oder auch die Umweltzerstörung – sie werden stets von Ausbeutern und Ignoranten mit gängigen Vorurteilen beworfen. Leider lassen sich zu viele Menschen von diesen aggressiven Gesten zurückschrecken. Manche jedoch bleiben hartnäckig und ihr Engagement führt zum Erfolg. Wie z.B. Greta Thunberg.

Hohe mediale Aufmerksamkeit erhielt die Klimaschutzaktivistin Greta Thunberg aus Schweden. Ihr Impuls begründete die globale Bewegung „Fridays für Future". Sie hatte das Glück und den Ehrgeiz, ihre Vision verwirklichen zu können. Bestrebungen, in dem Sinne, dass sie sich nicht abweisen ließ und Schwarzmaler ausklammerte.

Dazu fügte sich eine gehörige Portion Glück, verbunden mit liebevollem Beistand ihrer Eltern. Deren Beruf (die Eltern sowie auch die Großeltern sind bekannte gutvernetzte Schauspieler) half der Aktivistin, die angemessenen Informationsmedien, für ihre Belange, in Anspruch zu nehmen.

Hoher sozialer Einfluss hilft, Dinge etwas zügiger anzukurbeln. Das war auch notwendig, da unsere Umwelt uns alle angeht. Befremdlich, dass es immer noch Banausen gibt, welche die, durch den Menschen verursachte, Klimaveränderung und globale Umweltzerstörung, als Lappalie herunterspielen, nicht sehen wollen, bzw. zurückweisen. Vergessen sind die beharrlichen und unbeirrten Aktionen von Greenpeace. Seit Jahrzehnten kämpfen sie für die Belange der Welt. Hat es genützt?

Scheinbar rudern alle nur am Rande, da die Verantwortlichen dieser Welt sich nicht einig werden können, manche sogar nicht wollen. Sie sind die Ungebildeten dieser Welt. Sie zerstören willentlich Umwelt und Tierwelt. Damit ebenso die Zukunft unserer Kinder[41]. Diese Blindheit betrifft nicht nur Umweltsorgen.

Bedrohlich für ein ganzes Land kann es werden, wenn Staatenlenker vor rassistischen Äußerungen nicht zurückschrecken[42]. Wenn selbstverliebte

---

[41] Staatenlenker dürften diese Regierungsgewalt gar nicht bekleiden. Was unseren Globus betrifft, müsste es eine eigene selbstständig handelnde Institution geschaffen werden, welche über Umwelt- und Tierfragen schützende Verordnungen und Gesetzte bestimmt. Die Verantwortlichen dieser Organisation sollten jene sein, die schon immer die Belange der Erde zu schützen versuchen – wie z.B. die Aktivisten von Greenpeace.

[42] Siehe den ehemaligen Präsident D. Trump – der eine gewaltige Mauer errichten wollte.

und anmaßende Führer eine Nation vereinnahmen, mit ihren Lügen bombardieren, ist selbst die aufgeklärte Wissenschaft machtlos dagegen.

Eine despotische egozentrische Figur, wie Donald Trump, ist nicht zu stoppen. Seine Hassparolen erreichen jene Charaktere, die bereits latent xenophobe (ausländerfeindliche) Positionen vertreten. Wenn ein Volksvertreter seine rassistischen Vorurteile publik macht, fallen die letzten Hüllen der Befürworter. Dieses schlummernde Gedankengut wird aktiviert und gesellschaftsfähig gemacht. Das Internet-Tagebuch macht es möglich.

Bei Hitler war es das Radio – das neueste Medium zu seiner Zeit. In unsrer Zeit sind es die sozialen Medienkanäle: wie Twitter, Instagram und Co. Die vielen selbstverliebten Populisten und Möchtegernführer werden weiter Stimmung, gegen einen imaginären Feind, machen – ob nun als absoluter Führer oder nicht.

Das düsterste Szenario wäre dann, daß jene Fanatiker, aufgrund Faulheit und Dummheit, andere mit in den Abgrund reißen würden. Zu dumm um für sich selbst gerade zu stehen und zu faul, um Informationen einzuholen (s. Verantwortungsverschiebung und kognitiver Geizhals). Die Heuchelei dabei ist, daß über die korrupte Vergangenheit der Person hinweggesehen wird, stattdessen wird diese Figur bewundert. Für die Nutznießer und Verlierer wird dieser absolutistische Herrscher zum Sinnbild eigener Fantasien. Verstärkt wird aktuell alles nur noch durch eine, die ganze Welt betreffende, Pandemie.

Wie beschrieben führen Wirtschaftskrisen, Verteilungs- und Ressourcenkämpfe, Umweltkatastrophen und Pandemien, verstärkt zu zwischenmenschlicher Missgunst und Feindseligkeit. Der passende Nährboden für kriminelle Persönlichkeiten.

Denkfaulheit und Bequemlichkeit durchziehen zugegebenermaßen nicht nur den amerikanischen Kontinent – dieser Vorfall betrifft die ganze Welt. Der große Glaube an Internet und Co. verführt zu grundsätzlicher Diskussions- und Denkfaulheit. Eigene Ideen entstehen nicht mehr und ein echter kommunikativer Austausch scheint nicht mehr möglich. Kants „sapere aude" ist Vergangenheit.

Auch ich musste traurigerweise feststellen, dass „Recht haben" wichtiger erscheint, als eine durchdachte und inspirierende Diskussion. Wem gefällt es schon, dass das Gegenüber gar nicht mehr zuhören kann, sondern zu sehr damit beschäftigt ist, den Wahrheitsgehalt des Gesprächspartners über Suchmaschinen zu kontrollieren. Wo bleibt die eigene Fantasie, der Wille etwas Neues zu schaffen und nicht alte Denkmuster bulimiemäßig auszuspucken. Vielleicht müsste eigenständiges schöpferisches Denken neu gelernt werden.

Ob nun schulische Debatten über Medien Abhilfe schaffen wird die Zukunft zeigen. Gesichert ist, dass wir alle umsichtig sein sollten und rassistische Parolen im Keim ersticken müssen. Immer mit dem Wissen im Hinterkopf: den inneren kognitiven Geizhals zu überwinden, Selbsterhöhungstendenzen an sich selbst und anderen zu erkennen, die Menschen als Menschen zu betrachten und nicht in Rassen einzuordnen.

Haben wir mal diesen Makel dieser gegenseitigen Unverträglichkeit überwunden, wird sich die Menschheitsgeschichte grundlegend verändern. Jedoch vorläufig ringen die verschiedenen Lager um Aufmerksamkeit und Anerkennung ihrer Toleranzvorstellungen. Prozentual sind Pro und Contra fast gleich aufgestellt und beeinflussen das Weltgeschehen.

Das Vorurteil hat nie ausgedient. Es ist eingebunden in unsere Wahrnehmung der Umwelt und deren Bewertung. Spezielle Selbsterhaltungs- und Schutzmechanismen, der „kognitive Geizhals" in uns, bestehen weiter und sorgen für Missverständnisse. Manchmal führen diese zur Gewalt gegenüber denjenigen, die als „Ressourcenfeinde" betrachtet werden (z.B. Lateinamerikaner, Sinti und Roma, Boatpeople, Asylbewerber etc.).

An dem bestehenden Spiel beteiligt ist das allgegenwärtige Streben nach Hab und Gut. Dieses materielle Gewinnstreben war schon zu Platons Zeiten bedeutsam. Hat heute jedoch Dimensionen erreicht, die kaum noch an Gerechtigkeit, Freiheit und Brüderlichkeit glauben lassen. Das neue alte Vorurteil „Kapitalismus" dominiert die Geldwirtschaft und das Gemeinwesen und trägt zu dessen Siegeszug bei.

Das Praejudicium der Aufklärung wollte Geschichte hinter sich lassen, und den Menschen zu mehr Eigenverantwortlichkeit verhelfen. Grenzen – territoriale als auch geistige – sollten aufgelöst werden. Alle Menschen wären nun gleich und Vorurteile hätten ausgedient. Ein Gedankenansatz, der fasziniert, aber nach dem heutigen Wissensstand unmöglich ist. Vorurteile beherrschen unser Leben, und totale Gleichheit unter den Menschen hieße Stillstand im Denken und Handeln.

Toleranz setzt bescheidene Vernunft voraus und lässt den Rationalismus außen vor. Gerade die mangelnde Perfektion, nicht das Gleichmachen der Menschen, ist ein ernsthaftes Argument für Toleranz. Jeder ist einzigartig und jede Gruppe ist stets von einer anderen unterscheidbar. Keiner gleicht dem anderen, was auch gut ist. Denn, wenn eine Welt in totaler Gleichheit herrschte, gäbe es eine Welt im Stillstand und ohne Fortschritt (Taguieff, 2000, S. 176, S. 180).

Bescheidene Vernunft beurteilt ein Vorurteil weder als richtig noch als falsch, wie Vico beschrieb, sondern es liegt in unserer Hand, wie wir mit unseren (historischen und gegenwärtigen) Vorurteilen umgehen. Ob wir die Fähigkeit nutzen aus ungerechtfertigten Urteilen zu lernen, liegt auch an unserer Erkenntnisfähigkeit. „Behauptet man einhellig, es gäbe nur eine Wahrheit und mehrfachen Irrtum, und man sei im Besitz der Wahrheit, dann wird der dogmatische oder unmäßige Rationalismus zum besten Freund der Intoleranz" (zit. nach Taguieff, 2000, S. 180).

Wir können Vorurteile für uns nützlich machen, oder Vorurteile als negative Beeinflussung auf uns wirken und zu Monstern werden lassen. Günstigenfalls werden wir zu kreativen einzigartigen Geschöpfen. Dazu benötigen wir immer den Vergleich, auf der Grundlage freier und möglichst vollständiger Informationen. Denn über was man nicht informiert ist, was man nicht vergleichen kann, kann nicht verändert werden.

Um Veränderung herbeizuführen, bedarf es, so paradox es klingt, der Vorurteile. Es bedarf aber auch jener Mutigen, die sich gegen negative gewalttätige Vorurteile und falsche Annahmen stellen. Eben Menschen, die genügend Power haben, um sich Majoritäten entgegenzustellen.

Gruppen sind nur dann stark, wenn ihr kollektives ethisches Bewusstsein den Wert eines Menschen zu achten weiß. Von daher bleibt eine positive Selbstbewertung wichtig, um falschen irrationalen Ideologien den Weg zu versperren.

Resümierend sei nochmals betont, dass jedes Individuum etwas Besonderes hat, was ihn einzigartig und wertvoll macht. Selbst der Macho hat etwas an sich, der Pantoffelheld ebenso, wie auch eine Xanthippe. Jeder und jede für sich genommen ist eine wertvolle Persönlichkeit – auch wenn es in einem bestimmten Moment nach außen vielleicht nicht so erscheinen mag. Wenden wir unseren Blick hauptsächlich auf die wertvollen und liebevollen Attribute unserer Mitmenschen; dann werden wir selbst zu „Mitmenschen" und lernen, mit den unterschiedlichsten Kulturen und Meinungen wertschätzend umzugehen.

Auch bei der Unterscheidung zwischen „guten" und „bösen" Individuen sollten wir uns immer bewusst, bzw. gewahr, werden, dass jeder von uns „beide Seiten einer Medaille" in sich trägt. Die Prägung (in unserem Beispiel stehen auf der einen Seite die Gene - auf der anderen die Umwelteinflüsse) ist vorgegeben. Mit der Zeit sorgen unsere Gene, im Sinne von angelegten Charaktereigenschaften, für unser Talent und Temperament. Dabei hinterlassen Umweltbedingungen, Erlebnisse und Erkenntnisse, sichtbare Gebrauchsspuren.

Diese „Gebrauchsspuren" nutzen wir, sie werden erweitert und neu angelegt, bis ans Ende unserer Tage.

Interessant bleibt lediglich, welche „Gebrauchsspuren" wir nutzen, um unser Leben sinnvoll und gut zu meistern. Gegenwärtig liegt es an uns, das Humane, das Menschliche in uns wirken zu lassen und danach zu handeln.

Habe den Mut mit dem Herzen zu denken!

Literatur

Arendt, H. (2007) Über das Böse. München: Piper-Verlag 2006

Arendt, H. (2009) Eichmann in Jerusalem. Ein Bericht von der Banalität des Bösen (4. Aufl.) München: Piper-Verlag 1964

Aronson, E. et al. (2008) Sozialpsychologe (6. Aufl.) Deutschland: Pearson Education Imprint 2008

Auernheimer, G. (2010) Schieflagen im Bildungssystem. Die Benachteiligung der Migrantenkinder (4. Aufl.) Wiesbaden: VS-Verlag für Sozialwissenschaften 2010

APuZ (2008) Aus Politik und Zeitgeschichte (49/2008) Bildung und Chancen. bpb: Beilage zur Wochenzeitschrift „Das Parlament" 2008

Bergmann, W. (2005) Was sind Vorurteile? Rassistische Vorurteile. In: Informationen zur politischen Bildung: Vorurteile. Bundeszentrale für politische Bildung, Nr. 271. München: Franzis print & media GmbH 2005

Bierhoff, H.W. (2002) Einführung in die Sozialpsychologie. Weinheim und Basel: Beltz-Verlag 2002

Blankertz, H. (1982) Die Geschichte der Pädagogik. Von der Aufklärung bis zur Gegenwart. Wetzlar: Büchse der Pandora 1982/1992

Böhm, W. (2010) Geschichte der Pädagogik. Von Platon bis zur Gegenwart. München: C.H. Beck-Verlag 2004

Dorschel, A. (2001) Nachdenken über Vorurteile. Hamburg: Meiner-Verlag 2001

Frey, D. & Greif, S. (1997) Sozialpsychologie (4. Aufl.) Weinheim: Psychologie-Verlags-Union 1997

Gadamer, H.G. (1990) Hermeneutik: Wahrheit und Methode (6. Aufl.) Tübingen: J.C.B. Mohr (1960/1990)

Gomolla M. & Radtke F. (2007) Institutionelle Diskriminierung. Die Herstellung ethnischer Differenz in der Schule. Wiesbaden: VS-Verlag für Sozialwissenschaften 2007

Gollwitzer, M. & Schmitt, M. (2006) Sozialpsychologie – Workbook. Weinheim: Psychologie-Verlags-Union 2006

Güttler, O. (2003) Sozialpsychologie. Soziale Einstellungen, Vorurteile, Einstellungen. München: Oldenburg-Verlag 2003

Krech, D.; Crutchfield R. (1992) Grundlagen der Psychologie. Weinheim: Psychologie-Verlags-Union 1992

Marsh, A. & Sahin-Dikmen, M. (2003) Eurobarometer – Diskriminierung in Europa. Die Europäische Kommission 2003

Menck, P. (1999) Geschichte der Erziehung. Donauwörth: Auer-Verlag 1999

Mummendey, H.D. (2006) Psychologie des „Selbst". Göttingen: Hogrefe-Verlag 2006

Six, B. (2000) Handwörterbuch Psychologie (Digitale Bibliothek Band 23) Hrsg.: R. Asanger & G. Wenninger. Weinheim: Beltz Psychologie-Verlags-Union 1999

Six, B. & Schäfer, B. (1978) Sozialpsychologie des Vorurteils. Stuttgart: W. Kohlhammer 1978

Six, B. & Schütz, H. (2006) Stereotype und Vorurteile (Kurseinheit 1) Hagen: FernUniversität 2006

R.S. de Nagell (2024) Vorurteil und Bildung. Die Macht des Vorurteils am Beispiel der Sinti und Roma.

R.S. de Nagell (2024) Der identifizierbare Andere.

Schneiders, W. (2005) Das Zeitalter der Aufklärung. München: C.H. Beck-Verlag 1997

Schultz-Gambard, J. (1987) Angewandte Sozialpsychologie. Weinheim: Psychologie-Verlags-Union 1987

Taguieff, P. (2000) Die Macht des Vorurteils. Der Rassismus und sein Double. Hamburg: HIS-Verlagsgesellschaft 2000

Zimbardo, P. (1995) Psychologie (6. Aufl.) Berlin-Heidelberg: Springer-Verlag 1995